NOTRE AFRIQUE

Lucie Pagé

Notre Afrique

Libre Expression
QUEBECOR MEDIA

Libre Expression

Catalogage avant publication de la Bibliothèque nationale du Canada

Pagé, Lucie

Notre Afrique

Autobiographie.

Fait suite à : Mon Afrique.

ISBN-13: 978-2-7648-0292-2
ISBN-10: 2-7648-0292-7

1. Pagé, Lucie. 2. Naidoo, Jay, 1954- . 3. Afrique du Sud - Conditions sociales - 1991- . 4. Afrique du Sud - Conditions économiques - 1991- . 5. Afrique - Relations extérieures - 1960- . 6. Correspondants à l'étranger - Québec (Province) - Biographies. I. Titre.

PN4913.P33A3 2006 070.4'332092 C2006-941158-1

Direction littéraire
JOHANNE GUAY

Maquette de la couverture
FRANCE LAFOND

Photo de la couverture
LOUISE GUBB

Infographie et mise en pages
LUC JACQUES

Carte
ASKA SUZUKI

Remerciements

Les Éditions Libre Expression reconnaissent l'aide financière du gouvernement du Canada par l'entremise du Programme d'aide au développement de l'industrie de l'édition (PADIÉ) pour ses activités d'édition. Nous remercions le Conseil des Arts du Canada et la Société de développement des entreprises culturelles du Québec (SODEC) du soutien accordé à notre programme de publication. Gouvernement du Québec – Programme de crédit d'impôt pour l'édition de livres – gestion SODEC.

Les Éditions Libre Expression
7, chemin Bates
Outremont (Québec) H2V 4V7
Tél. : 514 849-5259

Distribution au Canada
Messageries ADP
2315, rue de la Province
Longueuil (Québec) J4G 1G4
Téléphone : 450 640-1234
Sans frais : 1 800 771-3022

Dépôt légal – Bibliothèque et Archives nationales du Québec, 2006

ISBN-10: 2-7648-0292-7
ISBN-13: 978-2-7648-0292-2

Carte de l'Afrique du Sud

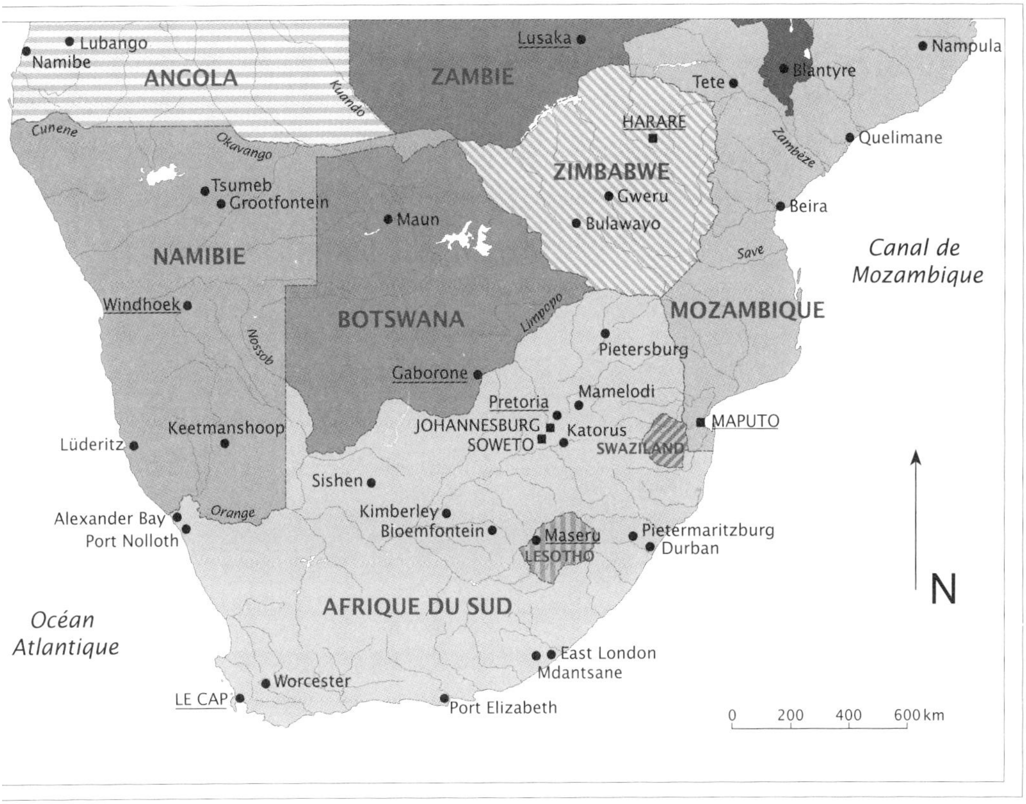

Le monde est une scène,
et les gestes de tous les habitants
font partie du même drame.

NELSON MANDELA

Aux trois hommes de ma vie :
mes fils Léandre et Kami,
mon mari Jay.

Avant-propos

En écrivant la dernière phrase de mon livre *Mon Afrique* – « Cette histoire est loin d'être finie... » –, je ne me doutais pas que je m'engageais ainsi à rédiger une suite. Vous avez été très nombreuses et nombreux à me la demander, pour toutes sortes de raisons, notamment pour savoir ce qu'il est advenu de mon couple intercontinental et mixte et comment on élève des enfants sur deux continents. Sur le plan politique, vous êtes curieux d'en savoir davantage sur le « miracle » sud-africain, la vie de Nelson Mandela après « l'ère Mandela » (11 février 1990-16 juin 1999), la fin de l'apartheid politique et le défi d'éliminer maintenant l'apartheid économique. Vous vous êtes aussi posé bien des questions : naître femme et noire en Afrique, hier et aujourd'hui : y a-t-il eu des changements ? Qu'en est-il de la violence, du crime, de la musique, de l'art et de la beauté de la culture ? Sur le chemin de la vérité, de la réconciliation et de la paix, où en est l'Afrique du Sud, une douzaine d'années après les premières élections multiraciales et démocratiques de l'histoire du pays ?

Dans ce nouvel ouvrage, j'aborderai chacun de ces points, ainsi qu'un sujet qui est d'actualité – et qui devrait l'être encore plus –, un sujet qui vous préoccupe beaucoup et qui concerne la planète entière : la place du continent africain dans le monde et dans le courant de la mondialisation, notamment la façon dont l'Occident – les gouvernements, les sociétés, les médias – dépeint ce continent « oublié », presque massacré, et le rôle de l'Afrique du Sud dans la direction que prendra le continent africain.

L'Afrique est un continent qui dérange. Pourquoi ? Quel est le rôle de l'Occident, son pouvoir, son influence dans la place – ou l'absence de la place – qu'occupe l'Afrique dans notre monde ? Comment l'Afrique peut-elle nous enrichir ? Comment enrichir l'Afrique ? En quoi lui laisser une place à la table du commerce mondial changera-t-il notre vie au Québec, au Chili, dans la communauté économique européenne ou en Chine ?

Je reprends donc mon histoire, en 1999, quand Nelson Mandela a gracieusement cédé sa place à Thabo Mbeki. Au même moment, je revenais au Québec, épuisée à la suite d'une des décennies les plus mouvementées de l'histoire contemporaine. Je commençais alors un périple de plusieurs années à ne voir mon mari que rarement, lui qui ne « pouvait » venir au Québec. Et je m'impliquais dans une longue croisade sur l'Afrique parlant d'un continent qui n'existe pas. Sauf dans les pages de l'horreur et de la famine.

PROLOGUE

Pour la première fois en 1990, j'ai mis les pieds en Afrique du Sud pour effectuer une dizaine de documentaires sur ce pays qui libérait le plus célèbre prisonnier politique du monde : Nelson Mandela. Dans le cadre de ces reportages, j'ai interviewé le secrétaire général du Congrès des syndicats sud-africains, Jay Naidoo. Nous nous sommes mariés et avons eu deux enfants ensemble. J'avais déjà un fils, Léandre, quatre ans, en garde partagée avec son père. Je l'ai laissé au Québec pendant les six premiers mois qui ont suivi mon déménagement en Afrique du Sud. Dans *Mon Afrique,* j'ai écrit : « Léandre pleurait. Il s'accrochait à mon cou comme s'il s'agissait d'un adieu définitif. Son étreinte m'étouffait, littéralement. “Mais qu'est-ce que j'ai fait?” me disais-je. Nous avons dû nous mettre à deux, son père et moi, pour arracher ses petits bras tendus et tremblants de mon cou. J'ai dévalé l'escalier à toute vitesse, aveuglée par mes larmes. Les cris et les pleurs de mon fils me suivirent jusque dans la rue. »

Déménager en Afrique du Sud – pour répondre à deux appels : la passion d'un travail et l'amour d'un homme – fut la plus difficile, terrible et grave décision de ma vie. Avec plus de quinze ans de recul, je peux affirmer à présent que ce fut pourtant la meilleure. Ce qui n'enlève pas dans mon cœur de mère des souvenirs meurtriers : voir mon enfant pleurer, entendre encore dans mes cauchemars – et le jour aussi, en attendant à un feu rouge ou en faisant la queue dans un magasin – ses cris de désespoir lors de mon départ et ses petits poings frappant dans la vitre de la voiture lorsqu'il est arrivé à Johannesburg pour la première fois à l'âge de quatre ans : « Pourquoi es-tu allée en Afrique, maman ? Pourquoi es-tu allée en Afrique ? » Mon destin me force à me ressaisir constamment.

Alors que j'ai écrit *Mon Afrique* dans la région de la Gatineau, entourée des forêts québécoises, j'ai rédigé ces lignes dans la forêt urbaine de Jozi, surnom de Johannesburg qui tente de remplacer celui de Joburg. Celui-ci reflète un passé plus négatif de la ville. Cette fois-ci, quand je suis repartie du Québec, en 2005, Léandre avait dix-huit ans. Quand j'ai dû le quitter, c'est moi qui me suis accrochée au cou de mon beau Léandre d'amour de un mètre quatre-vingts ; ce sont mes bras tendus et tremblants qu'on a dû arracher d'autour de mon fils ; ce sont mes pleurs qui ont résonné. Léandre était calme. Il avait bien appris la leçon que je lui avais enseignée très souvent : celle de dire au revoir en sachant qu'il ne s'agit « que » de « quelques dodos ». Je croyais, j'espérais, je rêvais qu'un jour il y aurait une solution à ce déchirement. Or, cela m'a pris quinze ans pour m'apercevoir que mon destin était tout autre : je devais accepter de ne jamais voir ma famille au complet, mes trois enfants et mon mari, vivre sous un même toit.

Cette grande et difficile décision me fait toujours mal. Mais elle reste encore et toujours la meilleure que j'aie prise.

CHAPITRE 1

Pour un « petit bout »

Je mets les pieds dans cette étrange et chaleureuse maison de la rue Méditerranée à Gatineau, en juillet 1999, dans une euphorie indescriptible. Gatineau... lieu de ma grande enfance et de mon adolescence, des balades en moto avec mes amis – à l'époque, j'étais la seule fille à posséder une grosse moto ; le secondaire chez les sœurs de l'école Saint-Joseph de Hull, trois ans d'or et d'enfer, puis à la polyvalente pour les derniers deux ans ; le cégep à deux pas des sentiers et de la magie du parc de la Gatineau. Que des souvenirs de la découverte de la vie, des années où l'on essaie tout... C'est là que j'ai cultivé mon désir du voyage. Me voilà de retour dans un des plus beaux endroits du Québec, et même de la planète. Après avoir fait le tour de celle-ci plusieurs fois, je peux l'affirmer sans aucune crainte. D'ailleurs, quiconque s'est rendu au belvédère Champlain dans le parc de la Gatineau le dira. Non, le *ressentira*.

J'ai trouvé cette maison sur Internet : une famille partait un an en France et laissait tout – y compris le nécessaire pour une famille de deux adultes et trois enfants. Pour moi qui n'ai rien, sauf des boîtes de vêtements, de livres et de « bébelles », ça ne peut pas mieux tomber. Je commence une nouvelle vie. Comme Jay d'ailleurs qui a toujours dit qu'il quitterait la politique – il était alors ministre – lorsque Mandela le ferait.

Nelson Mandela laissa le pouvoir avec une grâce absolument hors du commun. Combien de leaders au monde savent partir lorsqu'il est temps, savent que le pouvoir n'est pas un truc personnel dans lequel on prend un bain et on jouit ? Comme semble croire, par exemple, Robert Mugabe, président du Zimbabwe.

Jay a tenu sa promesse et a quitté le gouvernement. Ce n'est pas un politicien, mais un militant politique. Nuance cruciale. Alors, il se rebâtit lui aussi une nouvelle vie… en Afrique du Sud.

Depuis neuf ans que nous nous connaissons, Jay me promet de venir habiter au Québec pour un « petit bout ». Lors de notre rencontre en 1990, ce fut un de ses premiers arguments pour me convaincre de déménager sur le continent africain : « Viens quelques années et j'irai dans ton pays ensuite. Disons dans deux ou trois ans. Cet arrangement me semblait parfait. Après la libération de Nelson Mandela, je comprenais tout à fait qu'il ne puisse venir tout de suite. Puis les deux ou trois ans se sont transformés en neuf ans avant que je dise : « Je n'en peux plus. Je retourne, moi, "pour un petit bout" dans mon pays. »

Je suis donc arrivée au Québec en 1999 et j'ai commencé à écrire *Mon Afrique*. Jay a ensuite dit :

— Je lance mon affaire et je viens.

— Dans combien de temps ?

— Dix-huit mois, deux ans tout au plus.

— C'est promis ?

— Oui, ma chérie, c'est promis.

— Promis, juré, craché ?

— Promis, juré, craché !

Dix-huit mois, deux ans tout au plus… Le temps d'écrire mon premier livre et ensuite, de rebâtir une vie familiale au Québec, avec Jay et les trois enfants.

Jay a quarante-cinq ans. À cet âge, habituellement, on a un travail établi, on a accumulé des biens, une maison, une voiture, des meubles, un chalet même, on a mis de côté un peu d'argent, dans certains cas de quoi s'offrir un bateau, une moto, bref des récompenses après vingt-cinq ans de carrière.

Comme presque tous les militants antiapartheid qui ont passé leur vie à se dévouer à la lutte, Jay n'a rien. Ni maison, ni voiture, ni meubles. Nous avons trois beaux enfants, de la literie, des livres, des centaines de CD… et une tonne de bibelots. Quand il était ministre, Jay recevait toujours toutes sortes de petits cadeaux et nous avons de quoi décorer l'Afrique au complet! En tout cas, il me semble. Après vingt-cinq ans de lutte, un militant antiapartheid hérite d'un nouveau pays. C'est précieux, mais ça ne paie pas le pain et le beurre.

Ainsi, Jay repart de zéro et débute sa « vraie » carrière. Cela l'arrange un peu que femme et enfants s'en aillent au Québec, car il veut se consacrer corps et âme à son entreprise. Et travailler douze, quinze, dix-huit heures par jour s'il le faut, sept jours par semaine, pendant un an ou deux, pour rattraper « le temps perdu », c'est-à-dire le temps consacré à autre chose qu'à bâtir une carrière. Pour l'instant, son curriculum vitæ se résume à « militant antiapartheid » et à une longue énumération absolument futile aujourd'hui des cent cinquante-deux mille manifestations qu'il a organisées et auxquelles il a participé. Partir de rien à son âge demande courage et détermination.

Avec son grand ami, Jayendra Naidoo, Jay fonde une compagnie : J & J Group. Les deux ne savent pas trop ce qu'ils veulent faire, mais une chose est certaine : cela doit servir la population défavorisée. Ils se lancent dans le domaine des télécommunications, mais s'aperçoivent assez vite qu'avoir comme idée de profit de remplir un mandat social ne paiera pas longtemps leur salaire. Ils se rendent compte aussi que, dans le monde des affaires, les Indiens sont perçus comme les nouveaux Juifs : ils sont ostracisés à cause de leur race. C'est le résultat de la fin de l'apartheid : la race noire domine. Durant l'apartheid, les Indiens étaient trop foncés, et après, trop pâles. Comme les Métis d'ailleurs, cependant les Indiens ayant été les plus favorisés parmi les défavorisés sous le régime afrikaner, ils sont aujourd'hui les moins privilégiés. Étant toujours passés en dernier, les Noirs profitent de lois et de situations qui les propulsent dans une mer d'avantages.

C'est dans ces conditions que commence notre situation « temporaire » de vie commune, mais séparés par quelques mondes et un océan, moi et les enfants à Gatineau, et Jay à Johannesburg. Nous nageons dans un enthousiasme et un optimisme sans bornes, avec tous les deux des grands projets qui demanderont beaucoup de temps. Habités d'un entrain passionné, nous croyons profondément que tout marchera comme prévu, que nous nous aimerons à distance, que j'élèverai les enfants seule, sans problème, que son entreprise poussera comme un champignon après la pluie.

Notre marathon intercontinental s'amorce. Jay nous rejoint environ dix jours tous les deux mois. Les enfants comptent les dodos et ne tiennent plus en place lorsqu'il reste trois ou deux et, surtout, un dodo. Je dois toujours écrire un mot à la maîtresse d'école pour lui dire que Kami ou Shanti « risquera d'être agité aujourd'hui, car son père arrive ». Le voyage à l'aéroport s'effectue dans une joie totale, c'est un événement extraordinaire. Même si je donnais à mes enfants le choix entre un tour d'hélicoptère, une tonne de bonbons et tous les jouets du monde, rien ne leur ferait manquer cette escapade à Ottawa pour aller chercher leur papa. Et moi, mon mari.

Les dix jours que Jay passe avec nous ressemblent à des vacances cinq étoiles pour toute la famille. Jay ne travaille pas, ne téléphonant qu'une fois ou deux pour s'assurer que tout est en ordre à l'autre bout de la planète. Il cuisine, amène les enfants à l'école et au parc, joue à quatre pattes par terre avec eux. Il est heureux comme un pape, et les enfants sont au septième ciel.

En revanche, ses départs sont un enfer, comme si nous allions à un enterrement. De nous tous, c'est Kami qui a le plus de difficultés. Il a sept ans et est terriblement attaché à son père. Sa souffrance transpire de partout quand son papa quitte le Québec pour une soixantaine de jours. Une éternité pour cet enfant. Jay et moi avons d'interminables conversations au sujet de notre situation intercontinentale, mais je me sens impuissante à le convaincre de venir TOUT DE SUITE habiter au Québec.

À l'école, Kami et Shanti parlent de leurs parents, et certains enfants croient que, comme une grande partie de leurs camarades, ils vivent dans une famille monoparentale, avec des parents séparés.

— Mes parents s'aiment! répète Shanti à sa petite copine du même âge – cinq ans.

— Alors pourquoi ne vivent-ils pas ensemble?

— Parce que mon papa aide les pauvres en Afrique.

Un jour, à son retour à la maison, Shanti m'a interrogée.

— Maman?

— Oui, ma cocotte.

— N'y a-t-il pas de pauvres au Québec?

— Bien sûr que oui, et il faut savoir les aider. C'est pour ça que je ne jette pas tes vêtements trop petits. Tu le sais, nous allons toujours les porter ensemble au comptoir familial qui les distribue ensuite aux gens qui en ont besoin.

— Alors pourquoi papa ne vient-il pas aider les pauvres ici? Pourquoi il aide juste les pauvres de l'Afrique?

— Parce que c'est son pays, là-bas.

— Mais, c'est notre pays ici aussi.

Interminables conversations…

Léandre est revenu un an avant nous, en 1998. Il a fait son primaire à l'école française en Afrique du Sud, et il effectue son secondaire, au Québec. Il habite chez son père et vient toutes les deux fins de semaine à la maison. Quand nous étions en

Afrique, les enfants voulaient vivre au Québec pour voir leur frère. Maintenant qu'ils y sont, ils me demandent dans combien de jours ils verront leur père. Et la sempiternelle question revient toujours, presque quotidiennement, à l'heure du dodo, lorsque leur petit cœur réfléchit tout haut :

— Pourquoi papa ne vient-il pas au Québec, maman ?

— Papa viendra au Québec. C'est promis.

— Quand ?

— Bientôt, bientôt.

— Promis, juré, craché ?

— Promis, juré, craché.

Entre-temps, ce que je ne sais pas, c'est que le nouveau président d'Afrique du Sud, Thabo Mbeki, et son cabinet ont offert à Jay un poste non exécutif qu'il ne pouvait évidemment pas refuser : président de la Banque de développement d'Afrique australe. Que puis-je faire, à part le féliciter ? Il avait pourtant juré et craché…

CHAPITRE 2

Le nouveau président

« D'un désastre humain qui n'a duré que trop longtemps doit naître une société dont l'humanité tout entière sera fière. » Cinq ans après avoir prononcé ces mots lors de son investiture présidentielle (10 mai 1994), Nelson Mandela peut être fier de cette nouvelle société qu'il a aidée à accoucher. Le 16 juin 1999, Nelson Mandela laissait sa place à son successeur, Thabo Mbeki, élu par l'Assemblée nationale. Encore une fois, un nouveau chef dirigeait l'Afrique du Sud.

Dans l'hebdomadaire *Mail & Guardian*, une caricature montrait Mbeki, petit comme un schtroumpf dans un immense soulier qui aurait pu contenir cinquante de ces minuscules personnages. Mbeki ne peut pas chausser les souliers de son prédécesseur. On aurait voulu (« on » étant le peuple sud-africain, le continent africain et le monde entier) voir Mandela continuer sa mission. On aurait voulu que, pour une fois, un président s'accroche au pouvoir pour exercer un deuxième mandat, un autre cinq ans. Car c'est quoi, cinq ans, pour virer à cent quatre-vingts degrés un navire qui voguait à vive allure dans la même direction depuis trois cent cinquante ans ? Les yeux du monde entier sont rivés sur ce pays et se demandent où est la « vraie » société, où sont les logements, l'eau et l'électricité, les gens nourris, éduqués et travaillant ? Cinq ans…

Pourtant, ce que l'Afrique du Sud a accompli en cinq ans est phénoménal. On a repensé et redessiné toute la bureaucratie du pays, réécrit tous les formulaires dans tous les domaines et réorganisé toutes les sphères de la société ayant un caractère raciste. Par exemple, on a ramené de quatorze (un pour chacun des dix bantoustans et un pour chacune des quatre races officielles du pays) à un le nombre de ministères de l'Éducation. On a mis l'accent sur l'approvisionnement en l'eau et en l'électricité, l'accès au téléphone et à d'autres services de base. Il y avait tant à faire. Mais ce n'était là qu'un premier pas. Mandela a éliminé l'apartheid politique et déchiré des pages de lois. En héritant d'un pays où plus de 95 % de l'économie était contrôlée par les Blancs, Mbeki a eu un travail plus ingrat. L'Afrique du Sud avait besoin des Blancs le temps que la nouvelle génération post-1994 puisse accéder aux différentes institutions d'enseignement qui lui étaient interdites auparavant. Détruire l'apartheid économique prendra des décennies, car il faut instaurer une nouvelle façon de penser avec des vieilles mentalités, et bâtir une nouvelle jeunesse avec un lourd héritage.

« Nous avons enfin atteint notre émancipation politique. Nous nous engageons à libérer tout notre peuple de l'esclavage continu de la pauvreté, de la privation, de la souffrance, des discriminations basées sur le sexe et autres », a dit Mandela. (*We have, at last, achieved our political emancipation. We pledge ourselves to liberate all our people from the continuing bondage of poverty, deprivation, suffering, gender and other discrimination.*) Discours d'investiture de Nelson Mandela, Pretoria, le 10 mai 1994.

S'il est moins populaire, attire moins les foules et n'exerce pas le même charisme sur ses auditoires, Thabo Mbeki est néanmoins un économiste de formation. L'Afrique du Sud a besoin d'un sacré expert pour démocratiser l'économie. Après le miracle sud-africain et la magie Madiba[1], il prend les rênes

---

1. Madiba est le nom que les intimes utilisent pour appeler Nelson Mandela, un nom ayant une connotation de grand respect, qui signifie Grand Chef.

d'un pays qui a besoin plus que jamais d'un leader capable de pénétrer l'hermétique milieu des requins de la finance.

Thabo Mbeki a la confiance du monde financier international. S'il soulève son enthousiasme, il ne soulève pas, en revanche, la passion chez le peuple. Il vient d'une autre catégorie de militants antiapartheid. Il y a eu ceux qui sont restés au pays et ceux qui sont partis en exil. Cette « autre » catégorie de gens est moins populaire. Parfois, on entend pour excuser le comportement, le manque de collaboration ou la non-sensibilité de quelqu'un vis-à-vis d'un problème sud-africain : « Ah ! Mais c'est un exilé. Il ne comprend pas. » Quand on demande à une personne ce qu'elle a fait durant l'apartheid, on obtient deux réponses : « J'étais dans la lutte » ou « J'étais en exil », même si en exil, on a, comme Thabo Mbeki et des milliers d'autres, consacré son temps à la lutte.

Thabo Mbeki a fait partie des exilés, un de ceux qui sont allés à l'étranger se battre contre l'injustice du régime afrikaner. Ces gens ont été cruciaux pour mobiliser la communauté internationale contre le gouvernement blanc raciste d'Afrique du Sud. Mais Mbeki n'a pas vécu l'enfer de la lutte sur le terrain, la persécution continuelle, la torture, l'emprisonnement, les défis quotidiens, ne serait-ce que pour manger. Pourtant, s'exiler quand on aime et on croit en son pays, n'est-ce pas aussi une forme de torture, de sacrifice ultime ?

Quoi qu'il en soit, Thabo Mbeki n'a pas la magie charismatique de Mandela. Son élocution est quelque peu monotone, il est réservé, froid même. Cependant, lorsqu'il s'exprime devant un petit groupe, d'intellectuels par exemple, il est suave, il impressionne par son savoir, ses propos philosophiques et économiques, ses grands discours sur la société.

Avec le peuple, dans la poussière des *townships*, il ne semble pas du tout à l'aise. Il est rigide. Lorsqu'il rencontrait son légendaire père en public, il lui tendait la même poignée de main qu'à un bureaucrate de la Banque mondiale. Govan

Mbeki (1910-2001) – dirigeant historique du Parti communiste et du Congrès national africain (ANC), condamné en 1964 lors du même procès (Procès de Rivonia) que Nelson Mandela et emprisonné avec lui à Robben Island – était un homme chaleureux, mais entre son fils et lui, aucune accolade, aucun signe permettant de distinguer ce monument d'homme qui était son père d'un parfait étranger.

Pourtant, Thabo Mbeki est un homme du peuple, un garçon qui a été élevé sur les mêmes collines que les autres, pieds nus, bâton à la main, pantalons coupés appartenant à un frère plus grand, à un cousin ou à un ami et retenus par un bout de corde en jute, avec troupeau de moutons, de vaches ou de chèvres devant lui. En revanche, le petit Thabo avait accès à ce que beaucoup de ses camarades n'avaient pas : des livres.

Thabo Mvuyelwa Mbeki est né à Idutywa le 18 juin 1942 dans ce qu'on appelait autrefois le Transkei, aujourd'hui la province du Cap-Oriental, dans la même région que quantité d'autres militants antiapartheid d'une trempe exceptionnelle tels Nelson Mandela, Walter Sisulu, Chris Hani, Steve Biko, Vuyisili Mini, entre autres. Ses parents, Govan et Epainette Mbeki, étaient tous deux enseignants et militants politiques. Son père avait un diplôme universitaire (de Fort Hare, la seule université ouverte aux Noirs, dans l'ancien Transkei) et lisait beaucoup. Le jeune Thabo baignait dans les livres et les dévorait lorsqu'il était à la maison. Toutefois, il passait de grands moments chez de la parenté, ou des amis, car ses parents craignaient d'être pris. Ceux-ci envoyaient leurs quatre enfants se faire élever par d'autres, pour s'exercer, au cas où…

Très tôt, à l'âge de quatorze ans, Thabo Mbeki devint membre de la Ligue des jeunes de l'ANC, celle que Nelson Mandela, Govan Mbeki, Walter Sisulu et Oliver Tambo avaient ravivée durant les années quarante. Après ses études, le jeune Mbeki déménagea à Johannesburg, et eut le même mentor que Nelson Mandela : Walter Sisulu. Il fut élu secrétaire du African

Students Association (ASA) tout en étudiant l'économie par correspondance avec l'Université de Londres.

Les lois répressives de Hendrik Verwoerd qui, à partir de 1958, naissaient les unes après les autres, rendaient le climat politique de plus en plus précaire pour les militants antiapartheid. Le ASA s'est effondré après que la plupart de ses membres eurent été arrêtés et emprisonnés. C'est à ce moment (en 1961) que Nelson Mandela et d'autres de l'ANC fondèrent l'Umkhonto we Sizwe, la branche armée du Congrès national africain. Walter Sisulu, Nelson Mandela et d'autres de l'ANC voyaient en Thabo Mbeki un potentiel immense. L'ANC donna l'ordre au jeune Mbeki de quitter le pays pour mieux lutter. Il partit d'Afrique du Sud en 1962. Peu de temps après, son père, Govan Mbeki, fut arrêté à Rivonia et condamné à la prison à vie.

Mbeki se rendit en Rhodésie (qui deviendra le Zimbabwe), en Tanzanie puis en Grande-Bretagne, à l'Université de Sussex où il termina sa maîtrise en économie en 1966. Thabo Mbeki n'a jamais arrêté de militer. Il a joué un rôle fondamental dans la formation d'organisations de jeunes de l'ANC à l'étranger. Il voyageait, en Union soviétique, en Zambie, au Swaziland, au Botswana, au Nigeria, recrutait des jeunes adultes et formait des groupes pour lutter, de façon solidaire et internationale, contre le régime de l'apartheid. Il était considéré comme le « ministre des Affaires étrangères de l'ANC ». Il devint le bras droit d'Olivier Tambo, le successeur de Mandela à la tête de l'ANC dans la clandestinité, puis il accéda au poste de directeur de l'information de l'ANC. C'est à ce moment, de Lusaka en Zambie dans les années quatre-vingt, qu'il a mobilisé les médias internationaux pour dénoncer l'apartheid. Il est aussi allé chercher les Blancs, des Blancs d'autres pays, d'organisations sportives, culturelles et dans le milieu des affaires. Mbeki impressionnait. Habile stratège, suave, astucieux, il séduisait ses publics lorsqu'il parlait de profonds sujets économiques et philosophiques.

En 1989, Thabo Mbeki prit la tête des maintenant célèbres pourparlers secrets avec le gouvernement sud-africain, qui menèrent à la légalisation de l'ANC et des autres partis antiapartheid, et à la libération des prisonniers, dont Nelson Mandela. Il a depuis été impliqué dans toutes les discussions majeures et fondamentales concernant la formation et la naissance de ce pays, sa nouvelle constitution, et le gouvernement intérimaire dans lequel il occupait le poste de premier vice-président. Frederik De Klerk fut le deuxième vice-président, de 1994 à 1996, date à laquelle il quitta le gouvernement d'unité nationale parce qu'en désaccord avec la constitution finale. Lors de la cinquantième conférence de l'ANC, en décembre 1997, Thabo Mbeki fut élu le nouveau président du Congrès national africain. Mandela lui laissait, à ce moment déjà, *de facto,* les rênes du gouvernement.

Il fut élu président de l'Afrique du Sud le 14 juin 1999 et fut investi à l'occasion de la Journée de la jeunesse, Youth Day, le 16 juin 1999, journée commémorant le massacre des écoliers du 16 juin 1976. Son épouse depuis 1974, Zanele Dlamini, est une femme chaleureuse qui n'a pas le portrait type d'une première dame. D'ailleurs, elle l'a dit elle-même lors de la prise de pouvoir de son mari. Elle fera fi des règles diplomatiques en disant ce qu'elle pense. Ainsi critique-t-elle à l'occasion les politiques du gouvernement de son mari lorsqu'il n'en fait pas assez pour les pauvres et les plus démunis. Elle s'implique corps et âme dans la société, surtout auprès des femmes et des pauvres. Sur le plan de la chaleur humaine, elle est tout le contraire de son mari.

« Nos esprits continueront inlassablement l'enquête pour savoir comment il est possible d'avoir un excès de richesse productive dans une partie de notre globe commun et des niveaux intolérables de pauvreté ailleurs, sur ce même globe commun », a dit Mbeki lors de son investiture présidentielle. (*Our minds will continue the restless inquiry to find out how it is possible to have a surfeit of productive wealth in one part of our common globe and intolerable poverty levels elsewhere on that common globe.*)

Voilà le président avec lequel l'Afrique du Sud vit depuis 1999. Cet homme séduit les auditoires internationaux, les investisseurs, les experts en développement. Et à la suite de tant d'années d'isolement, l'Afrique du Sud a besoin de séduire. Mais après les élections, ses affiches restent, pour la plupart, attachées aux poteaux, contrairement à celles de Mandela qui résistaient rarement quelques jours, voire quelques heures.

« Nous comprenons néanmoins qu'il n'y a pas de chemin facile vers la liberté. » (*We understand it still that there is no easy road to freedom.*) Propos de Mandela lors de son investiture.

Thabo Mbeki est un homme qui marche sur des chemins pavés. Il est l'expert des autoroutes qui serpentent dans le commerce mondial. Les routes poussiéreuses des *townships* et des régions rurales de l'Afrique du Sud ne lui siéent pas. Avec les pauvres, les enfants, la morve au nez et qui régurgitent, Mandela pouvait salir sa superbe « chemise Madiba[2] ». Mbeki, lui, est un homme toujours tiré à quatre épingles sans un grain de poussière sur son costume. Mais me voilà en train de comparer Thabo Mbeki à Mandela. On ne peut pas.

Actuellement, l'Afrique du Sud a à sa tête un homme brillant et astucieux qui la propulse comme locomotive du continent africain. Elle est désormais le pays qui peut mener l'Afrique à la table de la mondialisation.

---

2. Nelson Mandela, qui ne porte pas le complet et la cravate, est reconnu pour ses chemises africaines colorées qui sont désormais baptisées « chemises Madiba ».

CHAPITRE 3

Père Teresa

Enfin, un automne! Cette saison m'a infiniment manqué en Afrique du Sud. Depuis dix ans, je n'ai pas vécu un automne québécois. Rien au monde ne peut égaler cette merveille de la nature, surtout avec le parc de la Gatineau à deux pas de chez moi. De nombreuses pages de *Mon Afrique* ont pris naissance en marchant dans les fabuleux sentiers de ce parc national. La fin de semaine, nous partons y marcher, pique-nique sur le dos, Kami avec son petit contenant à insectes, Shanti avec des sécateurs pour cueillir les fleurs. L'hiver, près de deux cents kilomètres de pistes de ski de randonnée s'ouvrent à nous pour nous permettre de nous réchauffer les veines. L'été, nager dans le lac Meech, que je traverse de long en large, exerce mes méninges pour la difficile, mais agréable tâche d'écriture. La natation m'aide à laisser couler les mots pour décrire cette décennie 1990; je me rappelle pourquoi j'ai épousé Jay, pourquoi j'ai laissé Léandre à l'autre bout du monde, temporairement, sporadiquement. Je me convaincs du bien-fondé de cette décision; les mots de *Mon Afrique* me rassurent sur mon destin.

Voilà quelques mois que nous vivons séparément, les enfants et moi de ce côté-ci de cette sacrée planète, Jay de l'autre côté. Avec le coût des communications et du double train de vie, nos maigres économies fondent comme neige au soleil.

Le téléphone coûte une fortune. Je suis en train de payer un édifice complet de Bell Canada ! Les courriels s'accumulent à une vitesse astronomique. Seules des communications régulières et fréquentes peuvent assurer la survie de ce genre de vie amoureuse et familiale.

Je crois qu'il n'y a pas une conversation entre Jay et moi où le sujet de son déménagement (prochain) au Québec n'est pas abordé. Nous nous encourageons à vivre sainement cette relation où la distance nous sépare. Souvent, j'ai si mal que les larmes brouillent mon optimisme, mais une fois ressaisie, quelques minutes plus tard, la détermination et la persévérance de garder notre couple en vie reprennent le dessus. Je ne peux pas dire que les enfants s'habituent à cette situation, mais ils s'adaptent. Parfois, dans des moments de découragement qui me semblent plus lourds que ma capacité à supporter l'adversité, ma petite Shanti vient et me chuchote à l'oreille, en me prenant le visage :

— Maman, il ne reste que trente-deux dodos. C'est pas beaucoup !

Les mots que j'utilise pour les réconforter me reviennent comme un écho, par la bouche, l'éducation et la réalité de mes enfants.

Je m'efforce d'être forte, ou du moins de faire semblant que tout va bien. Certaines gens me disent : « Ça ne marchera jamais. » D'autres rumeurs viennent à mes oreilles : « Lucie et Jay sont séparés. » Ou « ces deux-là sont complètement fous de penser que cette situation peut fonctionner, surtout sur une si longue période de temps. » Et mes amis, ma famille m'encouragent, tâtant souvent le terrain, s'assurant que je garde la tête toujours en dehors de l'eau.

Malgré tout, parfois je sens que je bois la tasse. Je suis vulnérable aux dépressions, je le sais. J'en ai déjà fait deux profondes, dont la dernière qui a failli m'emporter. C'est comme nager à contre-courant. On veut nager, on se dit que l'on peut, on utilise chaque muscle, chaque gramme d'énergie de son corps qui se fatigue peu à peu, face à un courant qui garde sa même force, constamment.

J'ai besoin d'un petit coup de pouce. Je vais consulter une merveilleuse docteure et lui explique mon « cas », ma situation. Pour cela, je dois lui brosser un rapide survol de la dernière décennie. Voici ce qu'a donné cette conversation :

— Bonjour. Je viens vous voir, non pas parce que je suis malade, mais pour prévenir la maladie. Je sens que je vais peut-être avoir besoin de médicaments, ou en tout cas, d'une thérapeute pour m'aider à affronter sainement ma situation.

— Et quelle est cette situation ?

— Bon. Voici.

Je lui résume *Mon Afrique* en vingt minutes : je suis journaliste, je me suis rendue en Afrique du Sud en 1990, peu après la libération de Nelson Mandela. J'ai interviewé un gars que j'ai finalement marié (je lui précise que je ne fais pas ça avec tous mes sujets d'entrevue) et avec qui j'ai eu deux enfants. J'avais déjà un fils qui a vécu en garde partagée entre le Québec et l'Afrique du Sud pendant sept ans, dont six mois d'un côté, six mois de l'autre, les deux premières années. En Afrique du Sud, je vivais avec mon mari, qui est un militant antiapartheid. À l'approche des premières élections démocratiques multiraciales de l'histoire du pays, mon mari était le cinquième sur la liste des personnes à abattre.

— Quatrième en fait, parce que le premier, Chris Hani, grand leader charismatique et chef du Parti communiste, a été abattu par un Blanc qui croyait que les changements qu'on souhaitait amener en Afrique du Sud étaient, en réalité, les gestes mêmes de Lucifer, contrôlés par les communistes en personne.

— OK. Laissons de côté les cours d'histoire et continuons avec la vôtre, me dit la gentille médecin patiente.

— Au début des années quatre-vingt-dix, j'ai été très nerveuse à cause de ces Blancs extrémistes qui visaient les leaders du changement dont mon mari faisait partie. Un jour, alors que j'étendais du linge sur la corde dehors, deux hommes sont arrivés en me pointant un AK-47 dans la face. Je me suis vite réfugiée sous un bureau dans la maison avec mon fils, à qui j'ai dit qu'on s'entraînait pour une éventuelle attaque. Et puis, une collègue de mon mari a été tuée par une bombe placée sous sa voiture. Le régime de l'apartheid utilisait cette technique d'attentat depuis longtemps. Alors, j'ai commencé à regarder tous les matins sous ma voiture pour m'assurer qu'il n'y avait rien. Mon mari se promenait avec une veste pare-balles, mais pas sur lui, dans la malle de sa voiture ! « L'esprit de ma mère me protège », me répétait-il pour justifier et sa présence dans notre vie, et son absence de gilet sur son corps.

Je poursuis en évoquant quelques petites anecdotes, des faits qui n'auraient jamais eu lieu au Québec, et donc, qui constituaient un stress supplémentaire dans ma vie déjà mouvementée. Comme quand Radio-Canada m'a appelée pour que j'effectue un reportage. Pour la seule fois en huit ans, j'ai dit non : « Il va falloir que ça attende. On vient d'annoncer qu'une bombe a sauté et, selon la radio, c'est à côté de l'école française où étudient mes enfants. Je veux aller voir s'ils sont en vie. Je vous rappelle après. » Je lui avoue que, finalement, j'ai fait le reportage plus tard en soirée. J'étais tellement stressée et fatiguée, que j'aurais aimé avoir eu le courage de dire non.

— J'aimerais aussi travailler sur ce point en thérapie.

— Oui, oui, continuez.

— Une autre hantise me fatigue énormément : celle d'arriver en retard à un rendez-vous, quel qu'il soit. J'aimerais aussi parler de cela en thérapie, car cette peur est souvent un handicap : j'arrive beaucoup trop tôt aux rendez-vous, et les minutes qui passent, l'heure du rendez-vous qui approche et la destination qui n'est pas atteinte peuvent me rendre complètement malade. Si par malheur, je suis en retard pour une raison quelconque de l'univers, j'ai terriblement honte, je me confonds en excuses ;

le soir, une terrible honte m'enveloppe et m'étouffe, et ça m'empêche de dormir. Quand je ne dors pas, ou que je dors mal, la nervosité et l'anxiété s'emparent de moi et me rendent encore plus vulnérable à la dépression. La dépression peut tuer, vous savez…

— Oui, je sais. Mais continuez.

Je lui parle un peu de ma vie en tant que chef de famille monoparentale mariée : les enfants qui n'ont jamais vécu au Québec et qui, pourtant, ont un accent typiquement québécois, qui découvrent la neige comme si tous les jouets de Toys R Us tombaient du ciel gratuitement. L'hiver qui veut aussi dire mettre des tuques : ça a pris un mois à Shanti pour accepter d'avoir un objet étranger sur la tête sans faire une crise. Le patin, le ski, l'école et les nouveaux amis, la vie sans domestique dans la maison, papa parti, Léandre réapparu, les citrouilles d'Halloween qu'on va chercher au très agréable marché By à Ottawa et le sirop d'érable qu'on achète au magasin et qu'on ne cherche plus fébrilement dans une valise de maman. Les réunions de parents, les cours de ballet pour Shanti, les scouts pour Kami, l'autobus Voyageur tous les deux dimanches soirs pour Léandre et les petits qui viennent parfois en pyjama pour l'y conduire, un rituel auquel nous nous accrochons tous, sans effort. Le canal Rideau avec, comme récompense au bout des quelques kilomètres sur patins, des délicieuses queues de castor dont les enfants raffolent et le chocolat chaud. La neige à pelleter, le gazon à tondre, le ménage et les poubelles. Et les enfants qui disent sans arrêt : « Dans combien de dodos papa arrive-t-il ? »

— Parfois je suis essoufflée, docteure.

— C'est normal. Continuez.

Je lui explique pourquoi Jay ne peut pas venir, et pourquoi moi, je suis ici. Seule, encore une fois. En effet, je sors de dix ans de grands moments de solitude, Jay ayant été occupé à changer un pays. Je comprenais qu'il ne puisse pas souper à la maison, ou très rarement. Une fois, j'avais dit à Allister Sparks, mon ami et ancien patron à l'Institut pour l'avancement du journalisme, que je ne voyais jamais Jay. J'étais enceinte de huit mois et demi... un gros bedon en avant. Il l'avait montré du doigt et avait répondu : « De toute évidence, tu le vois un peu. » Puis, je raconte à ma docteure les derniers mois en Afrique du Sud, qui avaient été assez, beaucoup à bien y penser, éprouvants.

— J'ai découvert que je vivais avec une espionne qui avait pris des cours d'espionnage militaire. C'était notre nounou, Maria, qui habitait avec nous depuis quatre ans.

— Une espionne ? Tiens donc.

Je poursuis en parlant des micros cachés dans la maison ; que Maria nous avait aussi volés, qu'elle ouvrait notre courrier et était tout équipée pour fabriquer un colis piégé ou cuisiner une soupe empoisonnée.

— Une soupe empoisonnée ?

— Oui, elle connaissait aussi la technique pour empoisonner les t-shirts. Ça peut tuer si on en endosse un. C'est d'ailleurs déjà arrivé en Afrique du Sud.

— Des t-shirts empoisonnés ! Et qu'est-il arrivé à cette espionne ?

— Je ne sais pas. Une journée, une vingtaine d'espions officiels – ceux du gouvernement –, des policiers et le chef des services de renseignements se sont retrouvés chez nous. Ils l'ont emmenée et l'ont questionnée pendant quatre jours. Elle a, entre autres, avoué nous avoir volé plein d'objets, et quelques milliers de dollars. Une semaine plus tard, elle m'a appelée de la prison me suppliant de la sortir de là, qu'elle souffrait, que ses enfants avaient besoin d'elle. J'étais si bouleversée d'avoir vécu cette trahison incroyable – j'avais toujours éprouvé du respect et une profonde amitié pour elle – que je lui ai répondu que je verrais ce que je pouvais faire. Mais c'était une sorte de vengeance que de lui laisser espérer que quelqu'un la sortirait de là. Je n'avais aucune intention de l'aider. Eh bien, comble de la coïncidence, cette même journée-là, une personne paya sa caution de plusieurs milliers de dollars, et elle est sortie.

— Qu'est-il arrivé ensuite ?

— On devait m'appeler pour témoigner en cour. Ça n'a jamais eu lieu. Maria a disparu dans la nature. J'ai peur de la revoir un jour.

Je la rassure en lui racontant les belles choses qui me sont arrivées en Afrique du Sud, comme d'avoir couvert l'actualité de ce pays pendant toute la décennie Mandela, de faire partie aussi du cercle plus intime de Mandela, de ceux qui ont la permission de l'appeler Madiba. J'ai aussi énormément voyagé avec Jay, appris beaucoup de choses sur la vie par ses yeux, son cœur et son âme de militant. Si parfois je rage contre lui, je pleure et je lui en veux de ne pas être encore venu habiter « pendant un petit bout au Québec », le critiquer pour la raison de son absence – sa dévotion à la cause des plus démunis – serait comme critiquer Mère Teresa.

Je n'ai plus rien à dire. Ou plutôt, je ne sais plus quoi dire. La docteure me regarde en silence. Puis, tout ce que je réussis à formuler pour conclure, c'est : « J'ai besoin d'aide pour gérer mon stress et ma situation. J'ai besoin d'outils pour affronter tout ça, pour m'assurer que mon couple dure, que les enfants ne soient pas pénalisés non plus par cette situation. J'ai besoin d'être forte, et, actuellement, je ne me sens pas à la hauteur. Je veux prévenir, et non guérir, la dépression. »

La Dre Marie-Charlotte me demande de me dévêtir. Elle m'examine et m'envoie passer toutes sortes de tests : sang, urine, plus un examen pour mesurer je ne sais trop quel pouls dans mon corps.

Elle écrit un nom et un numéro de téléphone sur une feuille de prescription : le nom d'un psychologue.

— On commence par ça. Reviens me voir dans deux semaines. Nous parlerons médicaments selon le rapport qu'il me fera.

Quelques jours plus tard, je suis assise devant cet homme nerveux qui bouge beaucoup. Son bureau est hyper propre. Pas un grain de poussière. Je m'assois dans un confortable fauteuil face à lui, un immense bureau de bois massif entre nous. Il prend un bloc-notes, actionne son stylo pour en sortir la pointe et me dit qu'il m'écoute.

Je lui fais le même récit qu'à Marie-Charlotte. Cependant, j'ajoute des détails au sujet de ma dernière dépression, je lui parle des médicaments que je prenais, de ma précédente thérapie, de mes hospitalisations, du contexte général de ma vie présente et de mon état – appétit qui fluctue et sommeil qui piétine.

Il prend des notes. À quelques reprises, il raye ce qu'il vient d'écrire, me regarde, écoute et écrit autre chose. Plus la séance avance, plus je parle, plus le psychologue pâlit. Au bout de quarante-cinq minutes, il transpire, l'air complètement étonné, hagard.

Tout d'abord, il me dit qu'il me croyait atteinte de stress post-traumatique, mais qu'il s'est ravisé (les mots qu'il a raturés) et que je souffre peut-être d'hallucinations, de psychose ou d'autre chose dont j'oublie le nom.

Ce pauvre psychologue a vécu à Gatineau toute sa vie. Les pires cas sur lesquels il travaille sont probablement les femmes violentées. Il m'avoue qu'il n'a jamais entendu pareille histoire, qu'il va réfléchir, parler à ma docteure et me rappeler.

Je ne l'ai jamais revu. En revanche, j'ai revu Marie-Charlotte, et elle m'a aidée à retrouver ma santé physique. Sa compréhension, son soutien, ses vitamines et ses petites pilules « en cas d'urgence » pour dormir ont suffi pour m'assurer de nager la tête hors de l'eau. D'ailleurs, j'ai recommencé à pratiquer ce sport, grâce à Marie-Charlotte qui m'y poussait et à qui j'ai promis de faire ce qui me procurait un bien immense : nager un kilomètre par jour.

Peu après la parution de *Mon Afrique,* ma docteure Marie-Charlotte m'a rappelée. Elle avait lu mon livre et on décida de se revoir. Elle m'a avoué que, lors de notre première rencontre dans son bureau, elle avait pensé que je souffrais d'une profonde psychose, ou peut-être de schizophrénie. En tout cas, que j'étais quelqu'un ayant un profond besoin de thérapie. Puis, nous sommes devenues amies, et elle a toujours bien pris soin de moi en tant que médecin.

CHAPITRE 4

Nkosi

Bonjour, je m'appelle Nkosi Johnson. Je vis à Melville, Johannesburg, Afrique du Sud. J'ai onze ans et j'ai le sida. Je suis né séropositif.

Juillet 2000, Durban, Afrique du Sud. L'immense hall est bondé : dix mille personnes sont assises dans la salle devant lui. Soixante millions de personnes à la télé l'écoutent. Nkosi Johnson est minuscule sur cette immense scène. Ce malingre petit garçon est l'invité spécial de la 13e Conférence sur le sida. Le thème de la réunion : « Briser le silence. » Avec son puissant charisme, Nkosi est le candidat idéal pour parler au nom des cinq millions de porteurs du VIH et malades du sida d'Afrique du Sud. Génial, le petit. Troublante est son histoire.

Nkosi Johnson naît Xolani (paix) le 4 février 1989. Il reste avec sa mère Nonthlanthla Daphne Nkosi jusqu'à l'âge de deux ans, après quoi Daphne développe la maladie et devient trop faible pour prendre soin de son fils. Si elle avait eu une jambe cassée, la communauté, si naturellement chaleureuse en Afrique du Sud, l'aurait couverte d'aide et de soins. Mais en raison du sida, elle n'attire que de l'aversion. Pour finir ses jours, Daphne doit s'évader quelque part, sans son fils, à un endroit où personne ne la connaît, surtout pas un petit-cousin ou l'arrière-tante d'un bon ami. Là où personne ne doute même de la raison de sa souffrance. Que faire avec Nkosi, qui, à deux ans, est gros comme un bébé de neuf mois, a les poumons rongés par la tuberculose et une diarrhée chronique ? Qui voudra de ce petit tas de mucus malade qui mourra de toute façon, selon les médecins, dans neuf mois, tout au plus ?

Lorsque j'avais deux ans, j'ai dû déménager dans un centre pour personnes souffrant du VIH et du sida. Ma mère ne pouvait prendre soin de moi parce qu'elle avait très peur que la communauté dans laquelle nous vivions découvre que nous étions infectés et nous chassent de là.

Le président Thabo Mbeki est assis dans la première rangée. Quand il parle, Nkosi lui transperce le corps de son regard. Car Mbeki a publiquement suggéré que le VIH ne cause pas le sida. D'ailleurs, différents groupes sociaux l'ont carrément traité d'assassin, puisque six cents personnes par jour meurent du sida. Six cents funérailles tous les jours ! Le président est entouré de scientifiques qui nient le lien entre le virus d'immunodéficience et le sida. Lorsqu'on élit un président, on n'élit pas son groupe de conseillers, pourtant, souvent, ce sont eux les responsables de telles abominations. Il est surprenant qu'un homme de la trempe de Thabo Mbeki, rusé, intellectuel, grand stratège, se range du côté de gens qui nient la réalité. C'est à n'y rien comprendre.

Nkosi a eu un double destin. Au conseil d'administration du centre d'accueil où il s'est retrouvé, siégeait une gentille dame blanche sud-africaine, une de ces femmes que ni la couleur de la peau ni le vomi ne dérangent. Gail Johnson est une de ces milliers de femmes blanches qui utilisent leurs privilèges acquis grâce à la couleur de leur peau pour les mettre au service des gens les plus défavorisés. Une de ces femmes nées pour aider les autres. C'est elle qui a convaincu le centre d'accepter Nkosi, qui deviendra ainsi le premier enfant, et le premier Noir à y être accueilli. Son enthousiasme, sa passion même me font penser à cette dame incarnée par Julia Roberts dans le film éponyme – Erin Brokovitch : même ferveur effrontée. Gail est une femme paradoxale : faux ongles, faux cils, épais maquillage, belle, plein de bijoux clinquants au cou et aux bras, habillement coloré mettant en relief les formes intéressantes de son corps, talons hauts. Un bâton de dynamite décoré. Tout en contradiction avec ses actions, comme laver et soigner bénévolement des gens atteints du sida, les embrasser, les cajoler, les respecter, ou encore traverser l'Atlantique en catamaran. Je ne serais pas surprise qu'elle l'ait fait en talons aiguilles!

Le centre a dû fermer ses portes, faute de financement. Alors, Gail Johnson, la directrice du centre, qui m'amenait déjà chez elle les fins de semaine, a annoncé aux membres du conseil d'administration qu'elle me gardait chez elle pour de bon. Voilà huit ans que j'habite avec elle.

J'imagine la scène entre elle et son mari le soir :

— Comment a été ta journée, ma chérie?

— Très bien. En passant, j'ai adopté un petit Africain chétif sur le point de mourir parce qu'il est atteint du sida. En ce moment, il fait la sieste dans notre lit. Et toi, ta journée? Quoi de neuf?

Gail, Alan, Nicci et Brett : une famille totalement blanche.

On ne laisse pas un enfant mourir, malgré le pronostic. Rendu là, on fait tout pour le réconforter, le soulager, l'aider. Gail conduit Nkosi chez de nombreux médecins; elle le nourrit d'antibiotiques et de vitamines, et le gave d'amour et de respect. Elle change ses couches pleines de diarrhée, essuie sa morve sans arrêt et ramasse les projectiles de mucus quand Nkosi tousse; ces mucosités ressemblent à du lait.

Neuf mois plus tard, Nkosi est en pleine forme : il court, joue et parle comme un enfant « normal ». D'ailleurs, dès le départ, Gail le traite comme un garçon normal. Dès l'âge de quatre ans, comme les deux autres enfants de la maisonnée, Nkosi se voit chargé de tâches ménagères : il met la table et s'occupe de tous les soins des chats – litière, eau, nourriture, brossage.

Nkosi appelle ses parents « mommy Gail » et « daddy ». Au début des années quatre-vingt-dix, l'idée d'une famille mixte était encore trop nouvelle pour ne pas attirer l'attention. « Souvent, on se faisait regarder de travers », a raconté Gail Johnson au lancement de son livre : *Nkosi's Haven*. Nkosi se fera même appeler « Mlungu » ou « Whitey », le petit Blanc, par sa famille élargie noire. Car Gail tient à ce qu'il voie sa mère de façon régulière. Elle amène donc son fils adoptif voir sa mère biologique afin que les deux restent en contact, même s'ils doivent chaque fois se réapprivoiser. Nkosi a toujours porté un amour sans bornes à Daphne.

En 1996, à l'âge de sept ans, Nkosi est déclaré l'enfant atteint du sida qui a survécu le plus longtemps.

En 1997, sa mère Daphne meurt.

Le téléphone a sonné, c'était ma tante qui demandait à parler à mommy Gail. Lorsqu'elle a raccroché le combiné, elle m'a dit que ma mère venait de mourir. J'ai éclaté en sanglots. Mommy Gail m'a amené aux funérailles. J'ai vu ma mère dans le cercueil. Ses yeux étaient fermés, et, ensuite, on l'a descendue dans la terre et on l'a enterrée. Ma grand-maman était très triste d'avoir perdu sa fille.

Plus tard cette année-là, Nkosi est assez bien et assez vieux pour commencer l'école. Gail se rend donc à l'école publique du quartier pour l'inscrire. Elle a quelques formulaires à remplir dont un qui porte sur l'état de santé de l'enfant.

Mommy Gail se rend l'école Melpark Primary et doit répondre à la question : votre enfant souffre-t-il d'une maladie quelconque ? Alors, elle a répondu, oui, le sida. Ma mommy Gail et moi avons toujours été ouverts au sujet de ma maladie. L'école ne donnait pas de nouvelles. Alors, mommy Gail a appelé, et ils ont dit qu'ils auraient une réunion à mon sujet.

Quelques jours plus tard, l'école rappelle pour lui dire que l'inscription de Nkosi est refusée parce qu'il est sidéen.

Le bâton de dynamite décoré explose. Gail se roule les manches, ou plutôt, remonte ses bracelets, et conteste *ipso facto* la décision. Leur histoire est étalée en long et en large dans les journaux de la nouvelle Afrique du Sud. Mandela est au pouvoir. Gail et Nkosi ont la nouvelle démocratie, la constitution et une partie du peuple de leur côté. Gail est expressive, déterminée et passionnée, obnubilée par la logique claire, la vérité pure, le droit à l'éducation – purement et simplement. Ce petit garçon de huit ans, dans un corps d'un enfant de cinq ans, parle comme un adulte devant les micros et autres journalistes. Nkosi séduit ses auditoires, s'exprime clairement, de façon convaincante, et avec une candeur qui rend le discours simple et évident. L'équipe Gail et Nkosi : un feu d'artifice qui aura des retombées pendant très longtemps dans ce pays.

Elle m'a tout enseigné au sujet de ma maladie, comment on peut devenir infecté et comment je dois faire attention avec mon sang. Si je tombe et me coupe, je dois couvrir ma plaie et aller voir un adulte qui pourra m'aider à la nettoyer et à y mettre un pansement. Je sais que mon sang n'est dangereux pour les autres que s'ils ont une plaie ouverte. C'est le seul moment où les gens doivent faire attention lorsqu'ils me touchent.

Gail gagne la cause, et Nkosi, le droit à l'éducation, avec des petits camarades du même âge, une vie normale, sur les tourniquets et les balançoires à l'heure du midi. Lors de sa première journée d'école, mommy Gail lui demande :

— Et que fais-tu si tu tombes et que tu te coupes ?

— Je dis aux amis de ne pas toucher à mon sang.

— Et quoi d'autre ? Tu dis aux gens de ne pas toucher ton sang et tu appelles un professeur. C'est bien compris ?

— Oui, mommy Gail.

Comble de malheur, lors de sa première journée à l'école, il tombe de la glissade et se coupe la lèvre. Il s'est immédiatement mis à crier et à répéter : « Ne touchez pas à mon sang ! »

Personne ne semblait savoir quoi faire avec moi à l'école. Mais nous avons maintenant des ateliers à l'école pour les parents et les professeurs pour leur apprendre à ne pas avoir peur d'un enfant avec le sida. Je suis très fier de dire qu'il y a maintenant une politique officielle pour tous les enfants atteints du VIH et du sida qui doivent impérativement être acceptés dans les écoles, et que toute discrimination à notre égard est interdite.

Le 1er décembre 1997, Journée internationale du sida, Nkosi, huit ans, est à la radio pour répondre à des questions. Il a une facilité extraordinaire à communiquer avec les médias et devant les foules. Aptitudes innées ou apprises de Gail ? Les deux. Sa mère adoptive est tout un exemple de détermination et d'expression orale ! Elle se démène sur tous les fronts. Elle a toujours fait du bénévolat, mais depuis que Nkosi est dans sa vie, elle n'a plus une minute à elle. Ce qui paie son salaire, c'est son bureau de relations publiques. Ce qui remplit ses journées, ce sont ses activités bénévoles. Son temps « libre » est consacré à la communauté défavorisée. En plus, elle s'inscrit comme policière bénévole. Elle consacre toutes ses nuits du vendredi et du samedi à la rue. Une fois, elle se retrouve avec un violeur, l'enfant violé et un enfant abandonné. Les institutions pour héberger et s'occuper des violeurs sont ouvertes jour et nuit, mais, pour les victimes, elles sont fermées les fins de semaine ! Alors, Gail transforme officiellement sa maison en refuge pour enfants abandonnés ou ayant un besoin quelconque, n'importe lequel. En pleine nuit, elle arrive avec des enfants, des bébés. Notamment Micky, un bébé séropositif abandonné, âgé de quelques mois seulement et qui meurt du sida une semaine plus tard. La mort de Micky aura profondément marqué Nkosi, qui en parlera souvent.

Nkosi conquiert le cœur des Sud-Africains et devient rapidement un symbole international de lutte contre le sida, pour les droits des malades vis-à-vis de l'AZT, entre autres, et pour l'accès aux médicaments génériques antirétroviraux. Il demande au gouvernement que l'AZT soit fourni aux mères enceintes séropositives.

Et surtout, que les enfants, séropositifs ou non, puissent habiter avec leurs mères atteintes.

Depuis les funérailles, ma mère me manque énormément. Mon plus grand vœu serait qu'elle soit avec moi, mais je sais qu'elle est au ciel. Et elle est sur mon épaule à veiller sur moi et dans mon cœur.

Gail lance une campagne pour ouvrir une maison pour les mères séropositives et leurs enfants. Elle déplore que les mères soient séparées de leurs enfants quand elles développent la maladie.

Finalement, en 1999, quelqu'un offre de payer une maison pour cinq ans. Nkosi's Haven naît (Havre de Nkosi). Lors de l'ouverture du refuge, le président Nelson Mandela invite Nkosi chez lui. Il lui dit que le travail qu'il accomplit, malgré son jeune âge, est crucial; qu'il est un brave petit homme et qu'il a une mission importante sur les épaules. Nkosi le sait.

À l'âge de dix ans, Nkosi devient le directeur du havre. Il règle les disputes, convoque des réunions, trouve des solutions aux problèmes, tient à rencontrer tous les nouveaux arrivants, à connaître leur histoire, à les réconforter.

Parce que j'étais séparé de ma mère si jeune, parce que nous étions tous les deux séropositifs, mommy Gail et moi avons toujours voulu fonder un centre pour les mères porteuses du VIH et leurs enfants. Je suis très heureux et fier de vous annoncer que le premier centre – Nkosi's Haven – a ouvert ses portes l'année dernière. Nous prenons soin de dix mamans et de quinze enfants. Mommy Gail et moi voulons ouvrir cinq autres Nkosi's Haven parce que je veux que les mères infectées puissent rester avec leurs enfants. Elles ne doivent pas être séparées d'eux, et cela les aidera à vivre plus longtemps avec l'amour dont elles ont grandement besoin.

Nkosi faiblit de plus en plus. Il est atteint de diarrhée chronique et doit porter des couches, même pour aller à l'école. À la maison, sa sœur Nicci et sa mère Gail le lavent et nettoient les dégâts. Nkosi connaît aussi des problèmes psychologiques dus aux tensions qui se sont développées entre les deux familles élargies, la blanche de Gail et la noire de Nkosi. Cette dernière, comme beaucoup de Noirs en général, est convaincue que Gail utilise Nkosi pour s'enrichir et devenir célèbre. Il est en effet très célèbre. Il ne peut aller nulle part sans se faire reconnaître. Voici le genre de remarque courante : « Ce n'est certainement pas par compassion et par bon cœur que la dame blanche aux faux cils et aux faux ongles fait tout ça ! » On l'accuse d'exploiter Nkosi qui, lui, se sent coupable de la relation acrimonieuse entre les deux familles, entre les deux communautés. Il a aussi un problème d'identité : lui, ce petit Zoulou qui ne parle pas un mot de zoulou. Le célèbre juge Edwin Cameron, ouvertement gai et séropositif, explique : « Bien sûr qu'on utilise Nkosi à des fins précises. Nos vies sont des instruments au service de quelque chose, que ce soit pour le gain matériel ou l'épanouissement spirituel ou pour élever une famille. Qu'il ait survécu plus de cinq ans fut la conséquence directe du fait que Gail l'ait pris en charge et s'en soit occupée, et rien que de l'avoir adopté est en soi une déclaration politique. On ne peut pas séparer Nkosi de la cause. »

Je hais avoir le sida, parce que je deviens très malade et très triste quand je vois tous les autres enfants et les bébés qui souffrent de cette maladie. J'aimerais tant que le gouvernement commence à donner de l'AZT aux femmes enceintes pour aider à stopper la transmission du virus au bébé.

Thabo Mbeki se lève et part. Nkosi est estomaqué, comme les trois quarts de la planète, j'en suis certaine.

Il continue, sage et mature comme un vrai président.

Les bébés meurent très vite, et je connais un bébé abandonné qui est venu habiter avec nous. Il s'appelait Micky. Il arrivait à peine à respirer, il ne pouvait pas manger et il était si malade que mommy Gail a dû l'amener à l'hôpital où il est mort. Mais il était si mignon, et je crois que le gouvernement doit commencer à agir parce que je ne veux pas que les bébés meurent.

Mai 2000 : on offre à Nkosi un voyage à Disneyworld. Il s'y rend et donne aussi des conférences un peu partout. Il est de plus en plus frêle et faible. À onze ans, il pèse le poids d'un enfant de six ans. Il rencontre le comédien américain Danny Glover, qui lui offre de l'argent pour aider à financer Nkosi's Haven. Robin Williams, Harrison Ford, Hillary Clinton ainsi que des politiciens de partout, des musiciens, des chanteurs et des boxeurs feront aussi sa connaissance.

Nkosi doit désormais s'appuyer sur quelqu'un pour marcher de l'école à la maison. Il commence à parler de la mort, terrifié. Il répète inlassablement : « Je hais cette maladie ! Je hais prendre des médicaments ! Je veux mourir. » Mais, en même temps, il a une peur bleue de mourir. Il a de bons amis, dont un de ses professeurs à l'école qui tente de le réconforter : « Nkosi, quand j'ai d'abord entendu parler du sida, j'avais peur. Je ne voulais même pas aller aux toilettes publiques de peur d'attraper cette maladie. Mais toi, tu m'as montré à prendre ta main, à te toucher, à te donner des caresses même à t'embrasser, à te prendre sur mes genoux, et tout faire ça sans attraper le VIH. Si ça n'avait été de toi, nous ne serions pas devenus amis. Je marcherais encore en disant à quelqu'un de séropositif : "Ne viens pas près de moi." »

Lorsque je serai grand, je veux donner tout plein de conférences au sujet du sida à beaucoup de gens, et si mommy Gail le veut bien, partout au pays. Je veux que les gens comprennent le sida, sachent qu'ils ne peuvent pas l'attraper s'ils touchent, caressent, embrassent ou tiennent la main de quelqu'un infecté par le VIH. Aimez-nous et acceptez-nous. Nous sommes tous des êtres humains. Nous sommes normaux. Nous avons des mains. Nous avons des pieds. Nous pouvons marcher, nous pouvons parler. Nous avons des besoins comme tout le monde. N'ayez pas peur de nous. Nous sommes tous pareils !

Nkosi a parlé sans papier, sans notes, un texte qu'il a écrit lui-même, sans aide. À la fin, la salle explose dans une ovation. Beaucoup ont les larmes aux yeux ou pleurent, carrément.

En décembre 2000, dans une réunion au centre Nkosi's Haven, Nkosi fait venir du thé, du poulet, de la salade et des gâteaux. Lorsque le copieux repas arrive, il dit à tous ceux et celles, aux mamans et aux enfants réunis autour de lui : « C'est pour vous. » Il fête ses douze ans le 4 février 2001. Plus tard, cette journée-là, il sombre dans le coma. Gail est restée avec lui jusqu'à sa mort, le vendredi 1er juin 2001 à 5 h 40. La Journée internationale de l'enfant[3]...

Pour ses funérailles, des gens du monde entier se sont déplacés, dont l'ancien président de la Zambie, Kenneth Kuanda, qui a vu un de ses enfants mourir du sida. Des milliers de personnes sont venues rendre hommage à ce petit garçon né avec une mission, une grande sagesse et un immense courage. Il n'est pas demeuré longtemps sur terre, mais son passage a été crucial.

En avril 2002, on lui a décerné le prestigieux Prix des enfants du monde pour les droits de l'enfant, prix qu'on surnomme « le Nobel des enfants ».

À la tienne, Nkosi. Et si tu allais veiller sur l'épaule d'un certain Thabo ?

---

3. À ne pas confondre avec la Journée internationale des droits de l'enfant, le 20 novembre.

CHAPITRE 5

Dixième anniversaire

Il y a dix ans, le 27 octobre 1990, Jay et moi nous rencontrions. Pendant ces dix ans, nous avons vécu très peu de jours ensemble, même si j'ai passé neuf ans en Afrique du Sud. Jay était occupé à changer un pays et, comme je l'ai dit dans *Mon Afrique,* je le voyais plus à la télévision qu'en personne.

Nous fêtons nos dix ans au téléphone. En raccrochant, j'ai une boule dans la gorge. Est-ce que je vivrai un jour une vie de couple « normale »? Je tourne en rond dans mon salon. Comment exprimer à Jay ce que je ressens? Je lui écris un poème comme cadeau d'anniversaire. Ces mots contiennent dix ans de vie « commune ». Je préfère le laisser en anglais, tel que je l'ai écrit, toutefois je propose ensuite une traduction.

Stop the cries…

Africa lives
Africa dies
A fiery diamond
Seeks forbidden skies.

On the road
A Mahatma crossed

Humble and daring
Determined but lost.

Yet his vision
Was a street
Where the people
Stamped their feet.

Viva dignity
Viva freedom
The cry for justice
Was his reason.

He bottled his solitude
On the front line
He grabbed the diamond
And said "please be mine".

It was dusty
Had lost its glow
But with the sky
It glittered like snow.

In sickness and in health
Till death do us part
Across the oceans
Two souls made one heart.

The ups and downs
The cries and tears
All brought some pain
And a few small fears.

From bullet to ballot
From one to three

Children came home
And they were free.

The feet fell silent
Their word was counting
The work was hard
And it was mounting.

In two more months
In two more years
The honeymoon is coming
"I promise, its near".

Words and sounds
Videos and books
She kept so busy
While the sky still shook.

The diamond laughs
It also cries
To see her son
She changed her skies.

The kite of love
The flag of peace
Sparkle in the wind
And flutter like fleece.

Light and lovely
They hug their mama
And with full eyes, ask
"But what about papa?"

Africa lives
Africa dies

Papa has a mission
That to stop all cries.

Ten years have flown
All much too fast
They hope his absence
Will soon be past.

It was so hard
It was so great
Together... forever
Let us celebrate.

Arrête les pleurs...

L'Afrique vit
L'Afrique meurt
Un diamant embrasé
Cherche des cieux interdits

Sur la route
Un mahatma[4] marchait
Humble et brave
Déterminé mais égaré

Il voyait pourtant
Une voie
Où les gens
Frappaient du pied

---

4. *Mahatma :* titre donné en Inde aux chefs spirituels (« grande âme » en sanskrit).

Vive la dignité
Vive la liberté
Le cri pour la justice
Était sa volonté

Sa solitude embouteillée
Sur le front de la liberté
Il vit le diamant
Et le saisit, en bon amant

Il était poussiéreux
Avait perdu son éclat
Mais avec les cieux
Il jetait des feux

Dans la maladie comme dans la santé
Jusqu'à ce que la mort nous sépare
Par-delà les océans
Deux âmes créèrent un cœur

Les hauts et les bas
Les cris et les pleurs
Un pot-pourri de douleurs
Et quelques petites peurs

De la balle au bulletin
De un à trois
Ses enfants naquirent à la maison
Libres enfin

Les pieds se turent
Le vote, ils eurent
Le travail arriva
Comme une montagne poussa

Dans deux mois, ma chérie
Dans deux ans, mon amour
La lune de miel, Lucie
C'est pour bientôt, c'est promis

Des mots et des sons
Des reportages et des livres
Elle bossa à fond
Sous des cieux encore ivres

Le diamant rit
Il pleure aussi
Pour voir son fils
Elle change d'ici

Le cerf-volant de l'amour
Le drapeau de la paix
Flottent dans le souffle
De la douceur qui renaît

Jeunes et beaux
Ils caressent leur maman
Et leurs grands yeux demandent
« Mais où est papa ? »

L'Afrique vit
L'Afrique meurt
Papa a une mission
Celle d'arrêter les pleurs

Dix ans déjà
Le temps s'envole
Que son absence
Aussi s'étiole

Ce fut laborieux
Ce fut grandiose
Ensemble… pour toujours
Célébrons notre amour.

Une parenthèse s'impose ici pour expliquer mon utilisation du terme « mahatma ». À l'âge de dix-huit ans, Jay est passé à deux doigts de la mort, parce qu'il était atteint d'une maladie rare, la sarcoïdose, qui attaque surtout les poumons et les yeux. On craignait le pire, car, au même moment, il souffrait aussi de tuberculose. Les médecins ont appelé la famille pour lui annoncer qu'ils ne pouvaient plus rien faire. Alors la mère et la sœur de Jay ont fait venir Mme Patel, une vieille sage hindoue, pour réciter des prières et demander aux cieux d'aider ce jeune garçon mourant. Elle est arrivée avec l'encens, le feu, l'eau, les petits plateaux d'argent, les fruits, le lait, la noix de coco. Jay était couché, à demi conscient dans le lit d'hôpital. Au beau milieu de la prière, la prêtresse s'est arrêtée. Elle a dit, avec un sourire : « Mais cet enfant ne mourra pas. Il deviendra un mahatma, un leader du peuple. » Sur quoi, elle a plié bagage et a quitté la chambre d'hôpital !

CHAPITRE 6

Le quotidien métissé

Lorsque j'habitais en Afrique du Sud, je passais mes étés au Québec. Génial. Maintenant que je vis au Québec, je passe mes étés en hiver austral. Moins intéressant. Toutefois, c'est le seul moment où nous pouvons être avec Jay pendant longtemps.

Il fait froid, l'hiver, à Johannesburg. Il n'est pas rare que le mercure descende sous la barre du zéro degré Celsius. Les maisons ne sont pas chauffées, mais nous pouvons acheter des radiateurs électriques et des couvertures chaudes. Ce qui n'est pas le cas de la majorité de la population : des enfants et des personnes âgées meurent de froid tous les hivers, sur les hauts plateaux de Johannesburg et des alentours.

Les trois enfants et moi partons en Afrique du Sud pendant les étés québécois de 2000 et 2001. Jay habite chez notre ami Omar Motani, là où nous avons célébré notre premier mariage sur son court de tennis, avec six cents personnes, dont Nelson Mandela, Walter Sisulu et Oliver Tambo (1917-1993). Jay occupe la petite chambre en haut de chez Omar. Les deux vivent comme de vieux célibataires, discutant et résolvant tous les maux du monde chaque soir, au souper. Leur relation étonne toujours : un très riche musulman avec un hindou syndicaliste. Mais il suffit de les écouter parler ensemble pour comprendre l'essence commune qui les unit : ce sont deux âmes humanitaires et philanthropiques.

Né en 1933, Omar n'est plus très jeune, mais il joue encore au tennis, malgré ses genoux endoloris, et fait encore tourner la tête des femmes. Son charisme de jeune homme, brillant et pénétrant, ne se fatigue pas, lui. Omar sera là dans toutes les périodes de notre vie, à Jay et moi. Il est présent depuis le tout début, il y a quinze ans. *Inch'Allah !* Longue vie, Omar.

Mon amie Colette est toujours là aussi. Oui, celle de *Mon Afrique,* cette femme blanche originale et pittoresque, qui, malgré la couleur privilégiée de sa peau, scandait des slogans antiapartheid avec les masses noires ; celle qui a élevé Duncan, seule, âgé de seize ans aujourd'hui ; celle qui a pris en charge Spongi, la fille de son ancienne domestique, et qui s'est assurée qu'elle finisse ses études, qui l'élèvera comme sa propre enfant et apprendra sa langue, le xhosa, qu'elle parle couramment ; celle qui est toujours prête à aider les autres. L'Afrique du Sud recèle des gens nés pour aider. Lorsqu'un peuple se bat pour survivre, pour la justice, pour l'égalité, le respect et la dignité, il donne naissance à un tas de gens nés pour aider, qu'on appelle très gentiment en Afrique du Sud « born to serve », même si la couleur de leur peau leur donnait le droit de se faire servir.

Moggi, ma coiffeuse – elle a connu Léandre à l'âge de quatre ans et l'installait par terre à côté de nous pour jouer avec les rouleaux dans les tiroirs –, fait toujours partie de ma vie et des gens que je tiens à revoir quand je reviens en Afrique. Elle coupe toujours mes cheveux. Et ceux de Jay depuis vingt ans. Moggi, c'est ma « chum de bière », elle qui, comme moi, adore ce voluptueux liquide. Je lui parle des bières du Québec, les riches rousses, les ambrées veloutées, les noires pénétrantes, une pour chaque humeur et temps de la journée. Elle rêve de venir goûter nos bières. Ici, en Afrique du Sud, la SAB (South African Breweries) fabrique cinquante-deux sortes de « 50 » – de la bière jaune pipi sans saveur, sauf celle des agents de conservation. La SAB tuant dans l'œuf tout projet de microbrasserie qui voudra percer un marché hermétique. Et fade.

Quand je passe les vacances d'été en Afrique du Sud, mon quotidien est constitué de belles choses. Ce sont les lionceaux qu'on va flatter au parc des lions, avec, dans l'enclos d'à côté, les girafes qui s'étirent le cou jusqu'en haut de la terrasse où les enfants sont juchés pour les nourrir et permettre à ces gracieux mammifères de leur lécher les joues. Ce sont les marches dans les montagnes, les cabanes d'amis dans le *bush,* alors que les enfants courent non loin et que, à la place de la phrase cent fois répétée : « Regardez bien des deux côtés, quatre fois, avant de traverser la rue », ils entendent : « Faites attention aux *black mambas* et autres serpents venimeux. » En passant, il y a deux morts par année en Afrique du Sud à cause des morsures de serpent... Le quotidien, ce sont aussi les enfants faisant des ricochets dans la rivière, l'œil toujours ouvert au cas où ce supposé crocodile qui traîne quelque part sur les berges de la petite rivière de cent kilomètres de long pointerait le bout du museau. C'est ma belle-famille à Durban, avec les interminables fêtes dans la chaleur humide des nuits de cette ville de la côte de l'océan Indien. Logie, le frère de Jay, et Vasen, le mari de sa sœur Dimes, se mettent à chanter ; on sort alors l'harmonium sur lequel je tente de suivre leurs prouesses musicales teintées de brandy et de coca-cola. Vasen doit pomper l'harmonium, car je ne suis jamais arrivée à jouer et à pomper en même temps. L'humidité, l'air de l'océan Indien, les collines de Reservoir Hills, le vert du matin qui explose de rosée et de parfums qui enveloppent, comme celui de la peau chaude et douce des bananes qui poussent dans la cour, même les odeurs des freins qui font de la fumée, toutes ces senteurs. Voilà Durban pendant mes vacances : le farniente à l'état pur. Les enfants ont appris qu'il faut se lever tôt pour apercevoir les singes qui viennent voler les mangues et les bananes dans la cour. Les Durbanites les chassent avec des « Pshtttt ! Pshttt ! », alors que Shanti et moi les appelons comme des minous, en leur soufflant des mots doux. Dans ces moments-là, les contrastes culturels sont criants. Ce serait comme voir un Sud-Africain indien de

Durban à quatre pattes en Estrie, pâmé devant un raton laveur qui vient de ravager notre cave à patates.

Depuis la fin de l'apartheid, Durban a noirci, à l'africaine et à l'indienne. Aujourd'hui, ce sont les Blancs qui partent vers les banlieues, genre Brossard. Un jour, en descendant de l'avion à l'aéroport, j'ai entendu cette remarque : « On se croirait en Inde. » J'ai alors jeté un œil autour de moi, et je n'ai vu en effet que des Indiens. L'Afrique du Sud accueille le plus grand nombre d'Indiens au monde (devant l'Angleterre et ses 950 000 Indiens) : 1 250 000 Indiens. La première vague est arrivée il y a cent cinquante ans pour travailler dans les champs de canne à sucre. La deuxième vague – une génération plus tard – fut celle des commerçants. On retrouve des Africains d'origine indienne, ici et là, sur le continent, mais pas comme à Durban. Dans la rue, ça sent le curry, les épices et l'encens. La ville est en permanence égayée par les couleurs des saris, décorée de guirlandes qui pendent dans les entrées, de représentations de Sarasvati, la déesse de la connaissance, de Ganesh, le dieu éléphant de la protection, de Nataraja, le Seigneur de la danse, du dieu Shiva aux quatre bras qui danse dans un cercle de feu et qui représente l'équilibre de l'univers : on le pose toujours à l'entrée des demeures (c'est le premier objet que Jay a installé dans la maison à Gatineau) afin que soit aspirée la mauvaise énergie de toute personne qui entre. Durban, c'est comme avoir un pied en Afrique et un autre en Asie. Cette cité grouille de vie, d'histoire et de souvenirs. De grandes âmes y sont passées : le mahatma Gandhi – il est toujours possible de visiter la maison où il a habité pendant deux décennies, à Phoenix, en banlieue de Durban ; d'autres y sont nés : Jay a grandi là où on avait entassé les Indiens, sur les collines à pic de Reservoir Hills, avec les manguiers et les singes. Il se souvient des chaleurs de Durban, un chaud et humide climat tropical qui n'a rien à voir avec l'air frais de Johannesburg située à mille six cents mètres d'altitude. Parmi ses souvenirs d'enfance, il se rappelle avoir collé son dos sur les murs de ciment pour se rafraîchir. Quand il raconte, ses yeux se perdent dans son sourire, et la nostalgie lui donne la chair de poule.

On m'a cent ou mille fois – je ne sais plus – questionnée pour savoir si parmi ces Indiens à Durban, je me sentais parfois « à part » étant la seule « Blanche » dans toute cette belle-famille entourée d'une masse d'amis, tous d'origine indienne aussi. Héritage de l'apartheid : Jay et moi sommes encore une exception dans cette communauté unie par ses particularités orientales. Mais Reservoir Hills fait partie de mon être, de mon chez-moi et l'apartheid n'y a jamais eu sa place : que de l'ouverture, du respect des différences et des cultures. Ma nièce Roshanthi, vingt-deux ans, me fait découvrir des musiques « bollywoodiennes » (le pop indien) avec influences « durbanites », et moi, je lui fais découvrir Harmonium et Ariane Moffatt.

Nous marions nos plats respectifs. Désormais, plusieurs familles à Durban ne peuvent plus vivre sans leur sirop d'érable et leurs crêpes le dimanche matin. À tel point qu'on pourrait faire commerce avec le Québec pour importer ce singulier liquide : quiconque l'a une fois porté à ses lèvres tombe sous le charme. C'est ça, aussi, le partage des cultures. Comme moi qui peux manger des déjeuners très épicés à mon réveil, le matin.

Ma belle-famille accueille mes amis et collègues qui viennent en Afrique du Sud, les nourrit, parfois les loge. Nous allons au temple ensemble, suivons et participons aux différents rituels, celui, par exemple, qui consiste à faire bénir sa nouvelle voiture. J'aime ces cérémonies, qui sont l'occasion, quelles que soient la religion ou les croyances, de s'arrêter un instant, de réfléchir aux choses importantes de la vie : la famille et l'amour, la paix, la sérénité. Le contexte permet de se ressourcer en pensées positives et d'en retirer un bien immense, que l'on soit catholique ou athée. Ces rituels me permettent de respirer profondément, jusqu'au fin fond des tripes.

Ce sujet du mélange de cultures québécoise et sud-africaine d'origine indienne, dans mon couple et chez mes enfants, revient à tout bout de champ dans mes conversations avec les gens. Cela fascine, je crois. Mais j'avoue ne m'être jamais posé de questions en élevant mes enfants, du genre : « Comment transmettre ma culture québécoise ? Quelle culture prédomine ? Qu'est-ce qui est le plus difficile dans le mariage des cultures ? »

Les enfants prient pieds nus au temple ou allument un cierge à l'église, non pas au nom d'une religion, mais au nom du respect, de la compassion, de l'honnêteté, de l'intégrité et de la persévérance. Jay et moi avons différentes cultures, traditions, religions et habitudes, mais nous partageons les mêmes valeurs. C'est pour cette raison que notre couple « mixte » est soudé et tient. Quant aux enfants, ils nagent dans cet océan de cultures, connaissent les rituels de chacune et ne s'opposent jamais à l'attitude que l'on attend d'eux dans un contexte particulier. Ils sont parfaitement métissés. Voilà. Ils sont la définition même du métissage.

Sous l'apartheid, l'Afrique du Sud était une société multiculturelle. Des cultures vivaient côte à côte, sans se toucher. Avec toujours un espace entre elles. Le défi du prochain millénaire, au moins du prochain siècle, le défi de l'avenir de la planète est de réconcilier les nombreuses races, religions, cultures et traditions, sans nécessairement les assimiler les unes aux autres, quoique, dans quelques sociétés et dans certains contextes, l'assimilation d'un peuple à un autre soit normale et inévitable. Mais c'est là un effet, et non l'essence du problème.

« Nous devons nous habituer à l'idée que notre identité va changer au contact de l'Autre », dit le poète, romancier et philosophe martiniquais Édouard Glissant, chantre de la « créolisation », du métissage culturel. La raison d'être de l'apartheid – la séparation des races – fut justement d'éviter tout contact avec l'autre. Car, avec l'échange, on tisse de nouveaux liens. *Me* en grec signifie « avec ». Donc « tisser avec ». Les fils sont de multiples couleurs, reflétant divers plats, odeurs et habitudes. L'Afrique du Sud est aux portes d'une grande œuvre de tissage.

En outre, il y a le métissage affable et le métissage sérieux. Affable, c'est quand on tisse des liens avec son voisin ou son collègue, avec les plats, les épices et les odeurs, les habitudes, avec un aspect ou une tradition, c'est quand on mange du pâté chinois avec de la sauce chili, parce qu'on a des gènes québécois et tamouls. Sérieux, c'est quand les gênes s'en mêlent. Ce métissage implique faire l'amour avec l'Autre. Il provoque parfois de l'inconfort en raison d'une possible association avec la notion d'impureté, il amène souvent de la curiosité, rarement une menace, quelquefois du dégoût, parfois une peine de prison (sept ans en Afrique du Sud durant l'apartheid !), et couramment des questionnements. Le métissage, c'est de ne pas pouvoir deviner l'origine génétique d'une personne au téléphone, chose qu'il est encore possible de faire en Afrique du Sud. Au Québec ? Nous sommes bien partis, car l'accent québécois ne traduit plus la couleur de peau de la personne.

Après le deuxième été québécois en Afrique du Sud, en 2001, je reviens au Québec, plongée dans une colère grandissante. Ce que j'ai vécu à Durban, dans la famille de Jay, je le veux chez moi, chez mes tantes et mes oncles, mon frère et mes sœurs, mes cousins et cousines, mes amis et amies, dans les *partys,* dans ma « Petite Vie », au Québec... Après onze ans, mon mari ne connaît toujours pas la vie au Québec, celle qui a fait de moi qui je suis, qui m'a fait grandir, qui m'a influencée, formée, dans la toile de laquelle je suis devenue journaliste. Je rêve de marcher avec Jay dans le parc de la Gatineau, pour lui dire : « Regarde, c'est ici que je stationnais ma moto, et, dans ce sentier, vers ces chutes, au bord de ce lac, que je pique-niquais, que je lisais, que je grandissais. » Sortir au *Café des quatre jeudis,* le bar sur les murs duquel mes premières années adultes ont explosé. Et ici, dans la rue Saint-Denis, au *Bistro à Jojo,* l'annexe de l'UQÀM pendant les cours de communication. Alors que Durban coule dans mes veines, que je vois et comprends d'où vient mon mari, Jay, lui, n'a aucune idée de pourquoi je suis qui je suis.

Je suis fâchée contre lui. Cette colère est en train d'empoisonner ma vie. Et celle des autres.

CHAPITRE 7

La douce moitié de Mandela

Lorsque j'ai rencontré la troisième et dernière épouse de Nelson Mandela, j'ai immédiatement été séduite. C'est une femme déterminée qui s'est avancée vers moi, qui m'a tendu la main, une poignée de main qui ferait pâlir Mohammed Ali par sa fermeté plutôt que par sa force, une femme au large sourire, aux dents blanches éclatantes, une femme qui enveloppe avec son énergie et sa chaleur. En un quart de seconde, j'ai compris pourquoi elle était la douce moitié de Nelson Mandela.

On m'a présentée comme l'épouse de Jay Naidoo, mais Graça Machel m'a tout de suite dissociée de mon mari, de ses convictions et de ses politiques. Elle m'a demandé ce que je faisais dans la vie, contrairement à beaucoup de femmes, épouses de politiciens, qui ne s'intéressent pas à moi, sinon pour savoir à quoi j'occupe mes journées pendant que mon mari travaille. Graça Machel, la seule femme au monde à avoir été première dame de deux pays, n'a jamais eu besoin du nom de ses maris pour se démarquer, se justifier, se présenter ou pour foncer et travailler. Elle ne voit d'ailleurs Nelson Mandela « que » deux semaines par mois, car elle vit entre son Mozambique natal et l'Afrique du Sud. Cependant, les répercussions de son travail résonnent sur tout le continent africain. Elle laisse des morceaux de son âme partout où elle passe. Et on la retrouve partout. Elle est présidente de la Fondation pour le développement communautaire du Mozambique, du *Vaccine Fund*[5], de l'Organisation nationale des enfants mozambicains, de la Commission nationale de l'Unesco, de l'Université de Cape Town ; membre d'une demi-douzaine de conseils d'administration, dont le NEPAD (New Partnership for Africa's Development), d'une fondation des Nations Unies, d'organismes venant en aide aux femmes, aux enfants victimes de guerres ou de conflits, de pauvreté ou de discrimination ; elle est lauréate d'une longue liste de prix prestigieux, tous en rapport avec son dévouement pour l'aide humanitaire ; elle est titulaire d'une collection de doctorats *honoris causa,* en plus de son diplôme en philologie allemande de l'Université de Lisbonne. Elle a écrit un livre, pour les Nations Unies, sur l'impact du conflit armé sur les enfants. Et ce n'est là qu'un très court résumé de son curriculum vitæ (littéralement « course de la vie »). Elle galope. Ou possède le don d'ubiquité. Probablement les deux.

Graça n'aime pas parler d'elle. Dire « je » et parler de ses succès la dérangent. Elle parle des autres avec aise et de ses passions avec ferveur : les enfants, les femmes et l'Afrique. « Ce qui primait dans ma famille, lorsque j'étais petite, c'étaient le partage et la solidarité. Nous ne disions jamais "je", mais toujours "nous" ; nous dans la famille, nous dans la communauté, nous dans la nation, nous dans le monde. C'est pourquoi, je crois, je suis qui je suis aujourd'hui. » Parler de Graça Machel, c'est parler de l'Afrique, de *notre* Afrique ; c'est parler de *nos* femmes et de *nos* enfants, de *notre* futur.

Chez elle, dans la province de Gaza au Mozambique, *nous,* c'étaient six enfants et leur mère. Son père est mort trois semaines avant sa naissance, le 17 octobre 1945. Paysan frustré toute sa vie par son analphabétisme, il avait laissé des ordres spécifiques

5. Le *Vaccine Fund* est l'instrument financier de l'Alliance globale pour les vaccins et l'immunisation (GAVI), créé fin 1999. Depuis, le *Vaccine Fund* et GAVI ont alloué plus de deux cent cinquante millions de dollars à soixante-huit pays, protégeant plus de trente millions d'enfants contre l'hépatite B, le hæmophilus influenzæ de type b ou la fièvre jaune.

quant à l'éducation de son dernier enfant : il voulait que Graça soit non seulement éduquée, mais ait aussi accès à la meilleure éducation possible. Or, ce fut bel et bien son destin – et celui de centaines de milliers de Mozambicains : pendant huit ans (1975-1976; 1983-1989) en tant que ministre de l'Éducation du Mozambique, elle a doublé le nombre d'enfants inscrits à l'école – de 40 % à 80 % – et réduit le taux d'analphabétisme de son pays – de 93 % à 72 %.

Selon Graça Machel, l'accès à l'éducation est la clé du développement, la clé de la libération. C'est justement lorsqu'elle étudiait au Portugal, à l'Université de Lisbonne, qu'elle comprit l'état de servitude de son pays colonisé par les Portugais. Elle prit vite goût à la lutte pour la libération. « Nous faisions semblant que nous avions des fêtes; nous mettions la musique très fort, mais en réalité, nous parlions de politique », a-t-elle déjà raconté. La police secrète portugaise découvrit leur ruse, et Graça dut abandonner ses études et fuir en Suisse pour éviter la prison au Mozambique. En 1973, elle rejoignit les rangs du Front pour la libération du Mozambique (Frelimo) et s'exila en Tanzanie où le Frelimo avait des camps d'entraînement. C'est là que cette charmante dame, qui respire la grâce à chacun de ses mouvements, a appris à démonter et à remonter un fusil d'assaut. C'est là aussi que sa carrière d'éducatrice a débuté, avec le poste de vice-directrice d'une école secondaire fondée par le Frelimo, un parti qui avait comme priorité d'offrir l'éducation gratuite à tous.

Lorsque le Frelimo arriva au pouvoir en 1975, Graça Machel fut nommée ministre de l'Éducation, la première femme à accéder à un poste ministériel. La même année, elle maria le commandant du Frelimo et nouveau président du Mozambique libre, Samora Machel. Samora avait déjà cinq enfants. Graça augmenta la famille à sept. Mais son monde s'écroula à la mort de son mari tué dans un écrasement d'avion, en 1986, provoqué, en faussant les radars, par le gouvernement blanc d'Afrique du Sud (Samora Machel offrait refuge à des militants antiapartheid).

Winnie et Nelson Mandela lui avaient envoyé un message de condoléances. Graça répondit à Winnie en disant : « […] ceux qui ont emprisonné ton mari ont tué le mien. Ils croient qu'en coupant les plus grands arbres ils détruiront la forêt. » C'est à ce moment-là qu'elle démissionna de son poste de ministre de l'Éducation, laissant derrière elle 1 600 000 enfants à l'école, contre 400 000 à son arrivée.

« Lorsque Samora fut tué, je pensais ne plus pouvoir sourire », m'a-t-elle avoué lorsque je lui ai demandé quels grands événements avaient marqué sa vie. « J'avais tellement mal, je saignais de partout à l'intérieur de moi. Je croyais ne plus pouvoir apprécier la vie. Les grandes plaies de la vie ne guérissent pas complètement, mais vous pouvez toujours retrouver la joie de vivre. Et, comme dans mon cas, être de nouveau amoureuse d'un homme. » Elle n'est cependant pas tombée tout de suite amoureuse de Nelson Mandela, contrairement à lui, un grand romantique.

Nelson Mandela a toujours été un homme séduisant, grand et charmant. Il avait quelque chose de princier en lui. Il a toujours attaché beaucoup d'importance à son habillement, à son *look*. Même jeune et insouciant, quand il est arrivé à Johannesburg, il portait un complet. Il en avait un seul. Mais impeccable. Toujours. Il aimait les belles femmes aussi et leur faisait tourner la tête. Il a même réussi à se créer une image de « play-boy », un peu viveur, avec son style nickel, malgré sa légendaire timidité. C'est chez son ami Walter Sisulu qu'il rencontra sa première femme, la jeune infirmière Evelyn Mase. Ils se marièrent très peu de temps après leur rencontre, en 1945. Leur premier fils naquit l'année suivante, en 1946. Mandela perpétua son nom de clan « Madiba » en appelant son fils Madiba Thembekile – affectueusement appelé Thembi. Thembi mourra dans un accident de voiture à l'âge de vingt-cinq ans alors que Mandela était emprisonné sur Robben Island. On refusera sa requête d'aller aux funérailles.

En 1947 naquit sa fille Makaziwe, qui mourut neuf mois plus tard d'une maladie inconnue. Son troisième fils, Makgatho Lewanika, a vu le jour en 1950 et la dernière fille du couple, qu'ils ont encore appelée Makaziwe, en 1953. À cette époque, Nelson Mandela était activement impliqué dans la Ligue de la jeunesse de l'ANC et était presque toujours parti de la maison, ou arrêté ou emprisonné, ou mis au ban. Evelyn, désespérée peut-être, a rejoint les rangs des témoins de Jéhovah et a tenté de convertir son mari. En vain. L'engagement de sa femme dans cette religion dérangeait Mandela. Tout comme les activités politiques de son mari dérangeaient Evelyn. Le mariage ne fonctionnait plus. Alors que Mandela évoluait en un leader charismatique, Evelyn restait simple, comme elle l'avait toujours été, une personne « ordinaire » qui voulait un mari « ordinaire », une vie de famille « ordinaire ». Evelyn a pris ses trois enfants et est partie.

Peu après, Nelson rencontra Nomzano Winifred Madikizela dans son bureau d'avocat. Il l'avait déjà remarquée, à un arrêt d'autobus, et son image lui était restée. Lorsqu'il la vit entrer dans son bureau, il fut bouleversé, écrit-il dans son autobiographie : « Je fus profondément excité par sa présence. [...] Je ne sais pas si le coup de foudre existe, mais je sais que l'instant où j'ai aperçu Winnie Nomzano, je savais que je voulais l'avoir comme épouse. » Il était fou d'elle. Il a divorcé d'Evelyn et épousa Winnie le 14 juin 1958. Cette dernière savait qu'elle mariait un homme exceptionnel, engagé dans la lutte, déjà marié en quelque sorte « à la cause ». Leur première fille, Zenani, était née quelques mois avant le mariage, le 4 février. Et la deuxième, Zindziswa, naquit deux ans plus tard. Nelson et Winnie Mandela n'auront cependant que trois ans de vie commune, trois ans remplis de procès et d'activités politiques tout à fait extraordinaires.

À Robben Island, Mandela n'avait droit qu'à une lettre tous les six mois et une visite par année. C'est l'amour de Winnie, a-t-il souvent dit, qui lui donnait l'énergie de continuer. Le 15 avril 1976, il lui écrivit ceci :

Ma chère Winnie,

Ta merveilleuse photo est à environ deux pieds au-dessus de mon épaule gauche alors que j'écris cette lettre. Je l'époussette soigneusement tous les matins, car cela me donne l'impression que je te caresse comme dans les bons vieux jours. Je pose même mon nez sur le tien afin de retrouver ce courant électrique qui traversait mon corps lorsque je le faisais. [...] Je n'ai reçu qu'une lettre de toi depuis que tu as été détenue, celle datée du 22 août. Je ne connais rien aux affaires de la famille, telles que le loyer, les comptes de téléphone, le soin des enfants et leurs dépenses. [...] Aussi longtemps que je n'aurai pas de tes nouvelles, je resterai inquiet et sec comme un désert. Tes lettres sont comme l'arrivée des pluies d'été et du printemps qui égaient ma vie et la rendent joyeuse. Lorsque je t'écris, je sens cette chaleur à l'intérieur de moi qui me fait oublier tous mes problèmes. Je deviens rempli d'amour.

Lorsque Mandela est sorti de prison le 11 février 1990, il n'avait qu'une hâte publiquement avouée – se retrouver dans les bras de sa femme. Mais les vingt-sept ans de séparation ainsi que les tribulations de Winnie ont eu raison de leur mariage. Ils se sont séparés en 1992 et ont divorcé en 1996.

Sur le plan politique et personnel, Mandela était près du président du Mozambique, Samora Machel. Ils avaient un ami et collègue commun, Oliver Tambo, qui fut président (en exil) de l'ANC pendant vingt-cinq ans. Tambo était le parrain des enfants de Samora Machel. En 1993, à la mort d'Oliver Tambo, Mandela prit la relève en tant que parrain auprès des enfants de Samora. C'est dans ce contexte qu'il rencontra la mère de deux des enfants de Machel, Graça, qu'il connaissait déjà en raison de ses réalisations comme ministre de l'Éducation au Mozambique, et aussi de ses nombreux engagements internationaux concernant les droits et l'aide aux enfants victimes de la guerre. Si, pour Mandela, ce fut le coup de foudre, Graça Machel prit son temps avant de développer une relation avec lui. Mais elle avoue que, tranquillement, elle est tombée amoureuse de cet homme extraordinaire. On a commencé à les voir, main dans la main, marchant ou mangeant ensemble quelque part. Devant des pressions publiques, entre autres celle de l'archevêque Desmond Tutu qui n'approuvait pas trop le concubinage, Nelson Mandela a pris comme épouse Graça Machel le jour de ses quatre-vingts ans, le 18 juillet 1998. Mandela dit alors : « Je ne croyais pas que je pouvais encore tomber amoureux ainsi. Je me sens comme un petit garçon. »

Graça n'a pas changé sa vie pour autant. Ou très peu. Elle continue de vivre la moitié du temps dans son pays natal, et elle se consacre à ses passions. « Je ne m'implique que dans ce que je crois, au fin fond de mes tripes. Oui, ma tête me dicte quoi faire, mais c'est avant tout mon cœur qui me guide. » Les enfants sont sa plus grande source d'inspiration. « Les enfants sont ma joie de vivre, sont mes leçons de vie. Une des raisons pour lesquelles j'adorrrrre les enfants », dit-elle en étirant ce mot, les yeux fermés, pour tenter d'englober tout ce qu'elle ressent, « c'est qu'ils ont la faculté d'affronter la vie avec un sourire, avec de l'optimisme, quelle que soit leur situation de vie. Et c'est ce que nous, adultes, avons perdu. »

Les enfants, elle connaît bien, surtout ceux dans des situations de détresse. Durant la guerre au Mozambique entre le Frelimo et le Renamo, parti soutenu par le gouvernement de l'apartheid, 750 000 enfants sont morts et 250 000 se sont retrouvés orphelins. « Lorsque nous voulons abandonner une lutte ou un projet quelconque, croit-elle, il ne suffit que de regarder dans les yeux d'un enfant et, immédiatement, nous nous disons : mais qui suis-je pour abandonner? Si ces enfants, qui vivent dans des situations de détresse réussissent à sourire, nous avons une obligation de continuer! » En tant que présidente de l'Organisation nationale des enfants du Mozambique et présidente de la Commission nationale de l'Unesco du Mozambique, les Nations Unies ont demandé à Mme Machel de présider une étude sur les enfants victimes de guerres et de conflits. Avant de déclarer la guerre, tous les chefs d'État devraient lire son livre, *L'impact de la guerre sur les enfants*! Elle y décrit les conséquences catastrophiques des conflits sur les enfants, explique comment la guerre inflige des blessures psychologiques autant que physiques, et laisse des séquelles longtemps après la cessation des combats. Et ceux qui ne seront pas touchés par ses mots devraient suivre son conseil : regarder dans les yeux d'un enfant.

Graça Machel est elle-même partie en guerre : contre les mines antipersonnelles. Avec l'Angola, son pays est le plus miné de la planète : deux millions de mines terrestres ! Chaque année, des milliers de victimes meurent ou sont handicapées, surtout les enfants, car ce sont eux qui jouent dans les champs. Le message de Mme Machel est clair comme de l'eau de roche : l'impact des conflits armés sur les enfants relève de notre responsabilité à tous.

Graça Machel vit sur un continent qui, pour beaucoup, n'existe même pas, oublié par la mondialisation, écrasé et ravagé par la presse occidentale. Graça s'embrase lorsqu'elle parle de « son » continent. « Le problème, c'est que l'Occident nous compare, nous juge et nous analyse selon ce que nous avons : routes, édifices, avoirs, etc. Or, [les Occidentaux] sont complètement à côté de la plaque ! Ils ne comprennent pas qui nous sommes, comment nous vivons et comment nous avons survécu à notre histoire. Les Africains en général sont des peuples qui chantent et qui dansent, malgré les situations difficiles. Oui, matériellement parlant, nous sommes pauvres. Mais nous sommes riches, et, en général, heureux, bien plus heureux que beaucoup de gens riches matériellement. Nous avons des valeurs proches de la vie, de l'être. Bien sûr, nous aimerions avoir plus d'avoirs, mais la richesse ne se mesure pas qu'avec le verbe avoir. Et le verbe être, lui ? Et oui, nous voulons développer nos sociétés, mais pas au détriment de l'être. Pour changer une nation, une société, il faut trois piliers : économique, politique et social. Dans beaucoup de pays du monde, seuls les deux premiers importent et le troisième est laissé pour compte et se débrouille comme il le peut. Dans la transformation de nos pays, en Afrique, nous voulons que le social – les êtres humains ! – fasse partie de ces changements, TOUS les êtres humains. Pas juste ceux au pouvoir ! Et c'est le défi auquel fait face l'Afrique ! » dit-elle, convaincue et convaincante.

Graça ne mâche pas ses mots. Cette femme pourrait facilement être présidente d'un pays. Lorsque je lui ai demandé ce qu'elle changerait, demain matin, sur la planète, si elle en avait le pouvoir, elle a répondu sans un zeste d'hésitation : « Je mettrais moitié-moitié femmes et hommes partout, dans tous les conseils d'administration, dans tous les gouvernements, toutes les entreprises, les écoles – partout dans le monde ! Et demain matin, nous aurions une bien différente planète. Beaucoup plus saine. Il n'y a aucune raison – AUCUNE ! – que les femmes soient encore considérées comme des citoyennes de seconde classe. »

Graça Machel est à la tête d'une organisation de femmes. Les femmes, dit-elle, sont un moteur pour le changement social. « Si vous allez dans un pays comme le Rwanda, où vous avez 49 % de femmes au Parlement [premier pays au monde pour la représentation féminine parlementaire], vous verriez que les choses changent. Dites-moi, quel pays européen, sans compter les pays scandinaves, a une telle représentation ? Ici, en Afrique du Sud, 30 % des députés sont des femmes. Et les États-Unis ? [15 %] La France ? [12 %] Et vous, le Canada ? »

J'ai répondu avec une toute petite voix : « 21 %. »

Elle poursuit : « Le visage de l'Afrique est en train de changer à cause de ces nouvelles politiques de représentation féminine ! » Et en me tapotant la main, elle a ajouté : « Alors, oui, Lucie, c'est simple : si j'avais le pouvoir de changer la planète demain matin, je mettrais femmes et hommes, sur le même pied d'égalité, avec le même pouvoir. Il y a tant de savoir, d'énergie, d'engagement et de compétences qui sont perdus, gaspillés tous les jours parce que les femmes sont marginalisées. Voilà la richesse que nous apporterions au grand fleuve de la vie. Et je vous dis, je vous assure que tous, TOUS !, sans aucun doute, bénéficieraient de cela ! »

Si seulement nous pouvions élire une telle femme. Si seulement elle avait le don d'ubiquité…

CHAPITRE 8

L'Afrique des Québécois

Automne 2000. Après huit mois d'écriture intensive à Gatineau, je mets le point final à la première version de *Mon Afrique* : mille deux cents pages ! Quand mon ami et collègue Luc Chartrand voit la pile de feuilles, il est sidéré.

— Ben quoi, tu m'as dit de ne pas me censurer !

— Tu m'as pris au pied de la lettre !

Luc va m'aider à épurer ce livre. Il passera des semaines, des mois à le corriger. Et moi un an à revoir et recorriger mon manuscrit.

Mes trois enfants, et bien évidemment, mon mari, sont au lancement. Je l'ai remercié d'ailleurs d'avoir traversé la planète pour être avec nous en ce mois d'octobre 2001. J'ai dit aux gens présents que j'avais enfin trouvé le truc pour ramener Jay à la maison : faire un lancement de livre ! Même s'il ne l'a pas lu, s'il ne peut le lire. C'est frustrant pour les deux. J'aurais aimé avoir son opinion sur plein de choses. Certes, je lui ai posé des questions, je lui ai raconté des bouts de chapitres en cuisinant, en marchant, en attendant dans une file, mais ce n'est pas comme lire un écrit et le commenter au fur et à mesure. Je lui ai souvent répété de ne pas s'inquiéter, que je ne révélerais pas tous les secrets d'État. Juste quelques-uns… On lui a souvent demandé comment il se sentait de voir sa femme publier un livre qu'il ne pouvait pas lire, qui parlait de lui, de son pays et des siens pendant cinq cents pages, et si cela l'énervait. Il a toujours répondu : « Je lui fais confiance. » Néanmoins, c'est un tantinet agaçant. Toutefois, nous avons souvent parlé de la nécessité pour moi d'écrire un tel livre ; je sentais que me revenait la responsabilité de mettre sur papier cette page d'histoire qui a été tournée avec le démantèlement de l'apartheid et l'arrivée au pouvoir de Nelson Mandela. Elle fut cruciale pour l'évolution de la société mondiale. Ce qui s'est passé en Afrique du Sud, et ce qui se passe toujours, nous affecte tous. Ce pays est une espèce de laboratoire racial, multiethnique où ennemis d'antan doivent coexister, se respecter, se tolérer. La question n'est plus : « Est-il possible ? », mais « comment » marier plusieurs cultures, races, sexes, peuples, civilisations, religions, hémisphères, histoires, rites, traditions ? Le même défi, à petite échelle, qu'entre Jay et moi. L'Afrique du Sud est en train de le relever à moyenne échelle. Et depuis le 11 septembre 2001, on s'aperçoit que la Terre a grandement besoin de le relever à grande échelle.

En période d'écriture, je n'étais pas consciente à quel point *Mon Afrique* ouvrirait une digue au Québec : j'ai commencé à recevoir des appels de partout pour venir parler de l'Afrique du Sud, et du continent en général.

La première fois, ce fut une bibliothèque :

— Pouvez-vous venir nous parler deux heures de votre livre et de l'Afrique du Sud ?

— Deux heures ?

— Oui.

— Oh !

Que dire pendant deux heures ? Qu'est-ce que les gens veulent savoir de plus que ce que j'ai écrit ?

Après quelques conférences, je m'aperçus que deux heures, ce n'est rien. Après quelques dizaines de conférences, je pouvais mieux comprendre la soif des Québécois vis-à-vis de l'Afrique. Je sentais un intérêt, une fascination, mais aussi de la frustration à cause de la place donnée à l'Afrique dans les médias. Lorsqu'on rapporte des nouvelles, elles sont toujours mauvaises, ou presque. Les gens veulent vraiment connaître l'Afrique.

Je commence donc mes conférences en demandant aux personnes dans l'auditoire de me parler de la première image qui leur vient à l'esprit en entendant le mot... Afrique. Voici celles qui reviennent presque toujours. Je me suis fait un devoir de mettre leur opinion en perspective.

— Chaleur (Chaque hiver, en Afrique du Sud, soit en juin, juillet et août, des dizaines, parfois des centaines de personnes, surtout les très jeunes et les très vieux, meurent de froid.).

— Corruption (Oui, il y a beaucoup d'Africains dans la Commission Gomery ! Comme si la corruption avait été inventée et n'était pratiquée qu'en Afrique !).

— Noirs (Les Blancs furent au pouvoir en Afrique du Sud pendant quelques siècles.).

— Pauvreté (Au Cap, les plus grands milliardaires de la planète ont un domaine ; je n'ai jamais vu autant de voitures de luxe que dans les rues d'Afrique du Sud.).

— Sécheresse (Les inondations font des milliers de morts chaque année en Afrique.).

— Famine (Près de 65 %[6] des Égyptiens sont obèses, et ce n'est là qu'un des cinquante-quatre pays africains.).

— Sida (C'est la *première* image qui vient à l'esprit, or, sur 850 millions d'Africains, il y en a au moins 825 millions qui n'ont pas le sida...).

— Animaux (En effet, mais, parfois, on croit même que les lions se promènent dans les rues du centre-ville.).

— Collectivisme (Surtout chez les milliardaires du Cap...).

— Bikini (Pardon ?).

---

6. Selon une étude du Centre national du Caire effectuée en 2002.

Et je fais la même chose avec le mot… Occident.

— Richesse (Non, il n'y a pas de sans-abri au Québec, n'est-ce pas ?).

— Savoir (Le président Bush a déjà dit, en parlant du continent africain : « The *country* of Africa » – le pays de l'Afrique.).

— Individualisme (Il n'y a aucun réseau communautaire, pas de regroupements d'art, de culture, de sport, pas de bénévoles, etc., au Québec ?).

— Pouvoir (Surtout chez les femmes pauvres amérindiennes, je suppose.).

— Technologie (Surtout chez les Noirs et les Amérindiens d'Amérique, où l'on constate le taux le plus faible d'accès à la technologie.).

— Blancs (Si l'on ne tient pas compte que, depuis dix ans, 60 % de la croissance de la population du Canada est attribuable à l'immigration, qui est, majoritairement non blanche.).

— Abondance (Surtout chez les Noirs et les Amérindiens d'Amérique.).

— Richesse (Surtout chez les femmes chefs de famille monoparentale.).

— Pouvoir (Surtout chez les femmes chefs de famille monoparentale amérindienne.).

— Abondance (Décidément, l'image de l'Occident souffre d'un manque de diversité…).

Cela étant dit, il est absolument vrai qu'en Afrique il y a la chaleur, la corruption, les Noirs, la pauvreté, beaucoup de pauvreté, la famine, le sida, beaucoup, des animaux, la sécheresse, trop de sécheresse, et sûrement des bikinis. Sauf que notre image de l'Afrique est tordue. Oui, il est vrai que la faible constitution contribue à 60 % de tous les décès d'enfants. Il est tout aussi vrai que 75 % des femmes âgées de plus de trente ans présentent un excès pondéral dans plusieurs pays, dont l'Afrique du Sud.

Dans mes conférences, je me sers de la médaille que nos médias, nos écoles, nos familles ont l'habitude de présenter et de voir, et je la tourne de l'autre côté. Cela n'efface pas la vérité, mais ajoute une autre dimension à l'Afrique : celle qui est riche et belle, et profondément humaine; celle qui est pure et simple, et profondément heureuse; celle qui est verte et mûre, et profondément naturelle.

On connaît vraiment très très mal l'Afrique. On l'oublie et on regroupe tous les pays dans un même bloc – un continent pauvre et corrompu. C'est comme placer le Québec dans une boîte avec une étiquette dessus : Amérique du Nord, pays très religieux et riche. Ne s'offusquerait-on pas? Que la *première* image de l'Afrique qui vient à l'esprit soit à ce point négative indique tout le travail de rétablissement de la vérité à effectuer. Pourquoi s'acharne-t-on à ce point sur ce continent? Est-ce une subtile forme de racisme? Est-ce de l'arrogance pure et simple? Est-ce de la malheureuse ignorance? En Occident, nous devons nous poser des questions. Descendre de notre piédestal : ce n'est pas parce que nous « avons » que nous « sommes » meilleurs. J'ai remarqué que les personnes qui dressent des portraits positifs de l'Afrique ont mis le pied sur ce continent pour y voyager ou pour y travailler. Cela n'estompe en rien la triste réalité de l'Afrique, mais cette image de ce continent et de ses cinquante-quatre pays est plus juste. L'image que se font les autres vient des médias.

Le défi de ce nouveau millénaire est de connaître l'Afrique qui est en train de changer le monde. Depuis sa libération en 1994, l'Afrique du Sud a changé le visage de l'Afrique : ce pays libéré est désormais la locomotive du continent, et donc, un acteur important dans la mondialisation culturelle de la planète.

CHAPITRE 9

J'aurais voulu avoir le don d'ubiquité

Tout ce que je veux, c'est une vie normale. J'ai envie de le crier sur tous les toits ! JE VEUX UNE VIE NORMALE ! Mais qu'est-ce qu'une vie normale ? Les gens, ma famille, mes amis me disent que je ne pourrai jamais en avoir une. Ils se trompent, j'en suis convaincue. Je veux la paix. Un mari et le père de mes enfants avec nous, à la maison. C'est tout. La garde partagée avec un enfant, Léandre : je peux vivre avec. Auparavant, pour moi, c'était la fin de monde. Aujourd'hui, ce n'est que la mort d'un rêve, l'échec d'une relation. Léandre grandit bien, je crois, dans ce contexte qu'il connaît depuis l'âge de trois ans. Même s'il a vécu pendant quelque temps entre deux continents, avec du recul, je peux dire que nous avons relativement bien géré la situation, tenant Léandre, le plus possible, hors des disputes. Bien sûr, par moments, ce fut difficile, même très difficile. Mais en voyant tous ces enfants qui vivent l'enfer, entre deux rues ou deux quartiers, je suis assez en paix avec le déroulement de la garde de Léandre. J'en ai tiré une grande leçon : l'enfant a le *droit* d'aimer et de voir ses deux parents, et les parents ont le *devoir* de respecter ce droit. Point final. Cependant, à mon avis, un enfant, jusqu'à l'adolescence, devrait autant que possible rester avec sa mère, tout en voyant son père, autant que possible. Léandre est revenu au Québec un an avant nous, en 1998, pour le secondaire. Je ne pouvais l'en empêcher. Même si mon cœur de mère était torturé, ma raison, elle, était claire. Ce garçon entrait dans la phase de l'adolescence et cherchait à se rapprocher de son père, où qu'il soit. Les livres de psychologie – j'en ai beaucoup lu – parlent tous de cette attitude normale.

Depuis que nous vivons au Québec, Léandre vient, de son plein gré, toutes les deux fins de semaine. Nous allons le chercher à mi-chemin entre Gatineau et Saint-André-Avellin, là où il habite. D'ailleurs, j'ai principalement choisi Gatineau pour sa proximité avec ce village. Kami et Shanti viennent habituellement avec moi. Beau temps, mauvais temps, pluie ou neige, nous sommes à Masson pour le prendre. Tous les deux vendredis soirs donc, c'est la fête à la maison puisque Léandre est là. Nous cuisinons son repas préféré : rôti de bœuf, pommes de terre au four, petits pois et sauce béarnaise. Le dimanche soir, il repart par autobus. Tous, nous le reconduisons au terminus qui prend des airs d'aéroport ! Bisous, caresses, je t'aime et à bientôt, mon coco ! Cet arrangement semble rendre Léandre heureux. Lui aussi s'ennuie de Jay, mais il est content d'avoir ses frère et sœur avec lui. Sa mère. Et son père. Lorsque mes trois enfants sont autour de la table avec moi, je suis béate. Absolument heureuse. Plus rien ne manque. Sauf une chose : l'homme de la maison. Ça me fait mal que Jay ne soit pas encore venu habiter au Québec pour un « petit bout », un an, quatre saisons, pour vivre le train-train quotidien. Pour l'instant, je « vis avec ». Je rage. Je maudis la situation. Mais lorsque mes trois enfants parlent, rient, s'amusent et s'aiment autour de ma table, j'oublie tout. Ou presque.

En 2000, Kami, Shanti et moi emménageons dans une vieille maison, à quelques rues de celle où nous habitions, la famille ayant repris possession des lieux. Les enfants restent donc à la même école, et, dans leur vie de nomade, cette stabilité temporaire représente le gros lot. Et moi, je gagne une voisine hors du commun : Jackie Kozminchuk va devenir ma grande amie, et ma professeure de peinture décorative. Je ne savais même pas que je pouvais peindre, jusqu'à ma rencontre avec Jackie et ma chute à pieds joints dans ses talents : peintre et pédagogue. Elle est aussi infirmière à temps plein. Nos deux maisons ne font plus qu'une, avec ses enfants et les miens qui entrent et qui sortent, les deux salons étant ouverts aux deux familles. En outre, vivant seule, sans homme, il m'arrive parfois d'avoir besoin de biceps pour pousser un meuble ou ouvrir nos pots de confiture. Je fais alors appel au mari de Jackie, Brian Kozminchuk, un pan de mur avec des mains grandes comme ça et des souliers comme des raquettes. Il devient vite un cher ami, tant à moi qu'à Jay. Les Kozminchuk et les Naidoo-Pagé ont des points communs : deux langues et deux cultures sous le même toit. Lui est Ukrainien. Jackie, Québécoise « pure laine », née à Val-d'Or et dont les rues l'ont vue grandir. Leur fille Nadia devient ma gardienne. Les enfants l'adorent ainsi que ses deux frères Nicolas et Stéphane qui, l'hiver, m'aident parfois à pelleter. Je peux me confier à Jackie ou à Brian. On s'offre des soupers, des films ou encore des cafés le dimanche matin avec nos rôties au beurre d'arachide. Avec les Kozminchuk, la vie sans Jay devient plus douce. Je peux leur en parler, et ils m'aident à traverser mes douloureuses périodes de solitude. Ma maison se remplit tranquillement d'objets peints, et mon cœur se vide ainsi d'isolements. Laisser son âme agiter les pinceaux est une forme de thérapie ultra efficace.

Un jour, alors que je peignais un œuf d'autruche, Jay m'annonce, au téléphone, qu'il a reçu une offre d'emploi, un travail très bien payé… aux Nations Unies à New York… New York ! Génial ! Je saute de joie. Voilà presque deux ans qu'un océan de solitude nous sépare. Gatineau-New York, c'est un million de milliards fois mieux que Gatineau-Johannesburg ! Jackie et Brian fêtent avec moi, car ils connaissent bien trop ma douleur conjugale.

Jay arrive au Québec pour une dizaine de jours, et nous ne sommes pas encore sortis du stationnement de l'aéroport que nous parlons déjà de cette offre d'emploi. Dans les yeux de Jay, je note qu'il n'est pas aussi emballé que moi. Plus il analyse l'offre, plus il doute de la compatibilité du travail avec sa vraie passion, son bonheur – celui d'aider les gens directement sur le terrain. En présence d'une bureaucratie encombrante, il cherche un autre moyen. Et Dieu sait que la bureaucratie des Nations Unies est malade. Des tumeurs partout qui empêchent l'accomplissement de plusieurs vraies missions. Ces doutes dans la voix de Jay, je les connais. Je lui répète ce que je crois être une règle fondamentale dans la vie : écouter ses tripes. Même si ça fait mal. Les miennes disent qu'il n'écoute pas les siennes. Mais il insiste et répète :

— Si tu veux vraiment que je prenne l'emploi, Lucie, je le ferai.

— Tu le feras pour moi ou pour toi ?

— Pour nous, pour notre famille.

— Oui, mais est-ce vraiment ce que tu veux ?

Il ne répond pas. Je suis déchirée.

Il n'a pas accepté le poste. Pourtant, je sais que, si j'avais insisté, mais vraiment insisté, en trouvant mille côté positifs à ce nouveau défi, je l'aurais convaincu. Et mes tripes à moi crient depuis douze ans : j'ai besoin de toi, Jay, mon mari, mon amour, j'ai besoin de toi au Québec. J'ai le désir puissant, furieux et déchaîné parfois, le désir inéluctable de partager avec toi le monde qui fait que je suis moi. Le Québec est au plus profond de mon âme, de ma culture, de mon moi social, de ce qui m'influence et me pousse à agir. Toutefois, mon être me dit que je ne pourrai pas avoir Jay à n'importe quel prix, que le bonheur ne vaut pas un job très bien payé à New York. Que c'est compliqué d'avoir une vie simple !

CHAPITRE 10

La mondialisation et l'Afrique

Les vêtements que nous portons, ils viennent d'où ? Ils ont été fabriqués où ? Je parie que l'Asie gagnerait haut la main. Notre sac à main ? Nos bijoux, notre montre ? Les divers objets que nous avons dans les poches ? L'essence que nous utilisons vient d'où ? Du Golfe, du Venezuela, de l'Afrique de l'Ouest ? Les jouets que nous achetons à nos enfants ? L'idée et l'argent viennent d'où ? Et leur fabrication ? Qui les transporte ? Combien de *sushi-shop* avons-nous au coin de chez nous ? Combien y en avait-il il y a dix ou douze ans ? Le café que nous avalons tous les matins, qui l'a cueilli ? Les tasses dans lesquelles nous buvons le café, qui les a fabriquées ? Depuis quand y a-t-il des rouleaux vietnamiens au mont Mégantic ?

Le monde. Le nouveau monde.

Si on se mettait à analyser chaque objet et chaque produit autour de soi, on ferait le tour de la planète. Ou presque. En revanche, combien de « Fabriqué en Afrique » trouverait-on, même si beaucoup de matières premières viennent de ce continent ?

On porte le monde sur soi, dans les sacs et les cuisines, partout. On peut se rendre n'importe où sur la planète en moins de vingt-quatre heures. On peut communiquer par téléphone et Internet avec à peu près tous les pays sur la planète.

Le monde change. Vite. Trop vite par endroits, et cela laisse des traînées de pays et de populations qui ne suivent pas le courant.

De puissantes forces politiques et économiques sont en train de redessiner le monde et détermineront la sorte de société dans laquelle nos enfants grandiront. En l'espace d'une génération, la mondialisation est devenue un géant. Les barrières tombent, mais écrasent du même coup des peuples et des cultures, des pans complets de sociétés, parce que tout est dicté par l'avoir, comme le soulignait Graça Machel. Quand on parle de l'Afrique, de sa place à la table de l'économie mondiale, c'est le continent au complet qui est oublié, massacré, pillé, écrasé ou ridiculisé, et souvent pas pris au sérieux. Surtout les femmes noires, un seau d'eau sur la tête, un bébé dans le dos, une binette à la main, qui sont le pilier de l'Afrique. La femme noire est la base de la mondialisation, on se fie à elle pour faire tourner la roue de l'économie, pour labourer la terre, faire tout ce qui est en son pouvoir – malgré la guerre, la famine, la soif, la violence, le viol, la pauvreté, l'eau insalubre, les maladies, le sida – pour élever ses enfants ; cette femme s'assure de continuer à porter le monde, à l'accoucher et à le faire grandir parmi tous ces feux et obstacles. Elle est le baromètre de la réussite de la mondialisation. Lorsque cette femme aura un pouvoir, un semblant de pouvoir de citoyenne éduquée et respectée à part entière, on pourra parler de succès.

Certains pays en voie de développement émergent – comme le Brésil, l'Inde, la Chine et l'Afrique du Sud –, et les autres sont aux portes de l'émergence, de la mondialisation, sur le bord de la rivière, les pieds dans l'eau, mais pas en bateau avec les grands. Dans le monde entier, les économies deviennent de plus en plus interreliées et interdépendantes. Entre 1995 et 2002, le commerce mondial a augmenté de plus de 40 %. Celui de l'Afrique a baissé ! Qui mène la barque ? Et à quelles conditions ?

Dans ce puissant courant mondial de consommation se créent évidemment des contre-courants : ceux et celles qui s'opposent à la façon dont s'effectue la mondialisation, ou bien au phénomène lui-même. Cependant, il est impossible de l'empêcher. Le bébé est formé et est en train de venir au monde. Pour éviter de donner naissance à un nourrisson difforme, les poches pleines, mais sans cœur, sans Afrique, il va falloir tirer avec les forceps.

L'Afrique veut la garde partagée et équitable de la planète.

Les syndicats des pays développés protestent et rejettent cette mondialisation, parce que leurs membres doivent rivaliser avec la main-d'œuvre bon marché des pays en voie de développement. Les organisations de travailleurs, les groupes culturels, religieux, environnementaux et tous les autres, qui ont participé aux protestations de masse à Seattle et même à Québec, constituent la partie de la mondialisation qui a juste les pieds dans l'eau. Le peuple ordinaire n'est pas sur la barque, il est oublié sur les berges. Ce peuple que les vagues éclaboussent, parfois engloutissent. Il est le troisième pilier de la société dont parlait, encore une fois, Graça Machel. Il est anormal que les grands États, tels ceux du G8, prévoient une sécurité militaire extraordinaire pour se protéger des gens qu'ils disent représenter et dans l'intérêt desquels ils décident!

Beaucoup d'organisations non gouvernementales s'opposent aux compagnies transnationales et à leur rôle dominant dans la globalisation économique. Par exemple, les ventes annuelles de Ford sont plus élevées que le produit intérieur brut de 38 pays d'Afrique subsaharienne réunis, excluant l'Afrique du Sud et le Nigeria.

Des environnementalistes aux bouts de chou dans nos écoles, comme mes enfants ou les vôtres, tous sont inquiets de l'état de l'environnement, de la menace qui plane sur les espèces vivantes, de la pollution et des désastres, de leur planète victime de gourmandise démente et irraisonnée.

L'écart entre les riches et les pauvres s'agrandit. La disparité entre le cinquième pays le plus pauvre et le cinquième le plus riche de la planète est passée de trente pour un en 1960, de soixante-huit pour un en 1994, de quatre-vingt-douze pour un en 2003.

Dans le monde entier, les communautés culturelles se demandent comment affronter le tsunami hollywoodien, avec le millième des moyens américains.

Les groupes religieux s'enfoncent dans un gouffre plus grand que jamais, alors que la mondialisation demande un rapprochement entre eux. Les États-Unis imposent leurs mentalités, même dans les conditions requises pour demander la charité.

Pour cette raison, on entend souvent dire qu'aux problèmes africains, il faut des solutions africaines. Tel fut le message de Thabo Mbeki en devenant président du plus puissant pays africain. La renaissance africaine dont il parle est un phénomène qui, s'il ne réussit pas, plongera la planète dans un abîme sale et désolant. Meurtrier même. Les avertissements se manifestent déjà. Que va-t-il falloir pour comprendre qu'il est impossible de vivre de manière saine et pacifique en continuant de restreindre et de contraindre des peuples entiers dans des étaux occidentaux unilatéraux ?

On ne peut plus ignorer l'Afrique. Ce nouveau millénaire ne peut faire fi de la pauvreté extrême, de la misère et de la répression dans laquelle vit une grande partie de la population mondiale. Dans un monde qui rétrécit, les problèmes d'une région deviennent inévitablement ceux d'autres régions et, éventuellement, de la planète entière.

La mondialisation requiert de la communauté internationale un effort commun. Une nation ne peut plus poursuivre des objectifs égoïstes, sans égard pour les autres peuples. La menace du terrorisme implique tous les individus, tous les pays, comme l'environnement, le réchauffement de la planète, le commerce international. Il faut arriver à réunir, dans le même salon, en même temps, avec accès aux mêmes toilettes, les géants économiques et les géants démographiques.

Des quarante et un pays les plus endettés, trente-quatre se trouvent en Afrique. Ce continent compte un sixième de la population de la planète, mais n'occupe que le cinquantième rang du commerce mondial, et ce chiffre diminue. Seulement 37 % des enfants africains vont à l'école secondaire, près de 100 % au Canada. Quoique les cinquante-quatre pays et territoires africains aient un accès au réseau mondial d'Internet, seulement un personne sur mille au Nigeria, le pays le plus peuplé d'Afrique, a accès à Internet, contre cinq cent cinquante-six pour mille aux États-Unis.

La réponse à tous ces besoins ne se trouve pas dans l'augmentation de l'aide au développement, mais ailleurs : l'Afrique doit avoir *accès* aux marchés mondiaux dans un climat de justice, d'équitabilité, de respect. Les pays en voie de développement, surtout ceux du continent africain, doivent rejoindre le courant des marchés mondiaux des pays développés. Et comme les deux tiers des Africains travaillent la terre, il faut régler l'épineux sujet de l'agriculture et des exportations agricoles de l'Afrique.

Une des plus importantes distorsions de l'économie mondiale demeure les subventions massives des pays développés à leurs fermiers. Plus d'argent est consacré à une vache des États-Unis qu'à un être humain d'Afrique. Si on arrêtait de subventionner vingt mille fermiers américains, on ferait vivre trois millions de fermiers en Afrique de l'Ouest ! Par année, cela signifie tois cents milliards de dollars américains : c'est entre trois et quatre fois toute l'aide au développement consacrée annuellement à l'Afrique ! Les Américains ont jusqu'à maintenant investi plus de deux cents milliards dans la guerre en Irak.

On ne peut pas arrêter la mondialisation, mais il y a urgence à mieux la gérer. Ce courant mondial s'inscrit dans la présence de forts préjugés vis-à-vis des Africains, des pauvres et des femmes. Selon divers sondages, le racisme augmente dans les pays occidentaux. Des gens du monde entier se retrouvent dans notre cour, nos magasins, nos rues. Moi non plus, je ne voudrais pas vivre dans un pays où simplement être assis dans son salon est dangereux. Notre chouchou et célèbre chanteur Corneille pourrait, à ce sujet, nous en glisser un mot ou deux…

Il est important de comprendre le besoin impératif de participer à la prospérité et à la paix des pays en voie de développement, afin que leurs populations veuillent demeurer chez elles – pas parce qu'on ne les aime pas, mais parce qu'on ne pourra plus accueillir autant de femmes et d'enfants, de gens perdus qui sentent encore la poudre à canon. Et accueillir certains immigrés et pas d'autres, en se basant sur des lois très théoriques, c'est comme donner de l'argent à un mendiant sur dix. Pourquoi pas les neuf autres ? Ils ont tous une histoire triste et terrible à raconter…

Notre voix à nous, les citoyens ordinaires, manque dans la mondialisation. Il faut écouter, faire de la place, aller chercher même tous ceux et celles qui ont des centaines de défis à relever avant d'atteindre le niveau de vie des mieux nantis de l'Occident. Ne nous leurrons pas non plus : la pauvreté fait tourner une grande roue boiteuse de l'économie, au profit d'une infime minorité, au détriment d'une grande majorité… habituellement noire, ou du moins foncée. C'est ce que j'appelle de l'apartheid mondial. Il existe un apartheid mondial envers l'Afrique, envers les Noirs. Dans certains endroits, les tout simplement non-Blancs. Vers où nous dirigeons-nous sur cette planète ? Parfois, je suis hyperoptimiste, quand je vois des projets qui fonctionnent, des gens qui, malgré vents et marées, réussissent à vivre, heureux, avec un petit lopin de terre. Mais, parfois, lorsque j'analyse les réunions du G8, les forums économiques mondiaux, les conférences de l'Organisation mondiale du commerce, je m'inquiète. Lorsque je lis les journaux, je m'inquiète. Pas pour ce qu'on y trouve – quoique… –, mais surtout à cause de ce qui n'est pas dit.

CHAPITRE 11

Mauvaise décision

Parler de sa relation personnelle avec l'être qui partage sa vie intime est, selon moi, très difficile. Écrire *Mon Afrique* fut un travail ardu, éprouvant pour les nerfs et les tripes. Avouer ses faiblesses, entre autres, n'est jamais facile. Mais nous sommes tous des êtres humains avec des émotions, et nous ne parlons pas assez des vraies choses dans la vraie vie. Nous faisons continuellement semblant.

Souvent, de parfaits étrangers me demandent comment va ma relation avec Jay ; ils disent que Jay et moi devons continuer, que nous devons être un exemple de relation qui fonctionne. Le côté intercontinental fascine, le côté amour entre deux êtres aussi. « C'est une grande histoire d'amour que vous vivez et vous devez réussir, pour nous donner espoir à nous tous, qui ne vivons peut-être pas éloignés, mais qui partageons tout le reste, ou presque. »

Un jour, en janvier 2002, après presque trois ans de vie célibataire mais mariée, Jay m'appelle pour me dire qu'il n'en peut plus de vivre seul, en célibataire, dans la petite chambre en haut chez Omar. Je lui réponds bêtement qu'il n'a qu'à venir.

La distance empoisonne de plus en plus ma relation avec Jay. Nous avons des sempiternelles conversations au sujet du lieu de notre résidence. Je ne me sens pas encore prête pour aller vivre en Afrique du Sud. Je suis au Québec depuis seulement deux ans et demi, après neuf ans en Afrique du Sud, ou presque. Je ne suis pas prête à abandonner Léandre encore une fois. Il est adolescent, bien sûr, mais je ne me sens pas armée pour le laisser pousser sans un bout de Kami, de Shanti et de moi. Et si possible, de Jay que je harcèle avec mon incontrôlable désir de le voir vivre au Québec « pour un petit bout ». Ce sujet de conversation entraîne toujours des engueulades. C'est quoi, être né pour une mission ? C'est quoi, sa mission en Afrique ? C'est quoi, la mienne ? Pourquoi choisit-il le travail et le pays avant la femme qu'il a épousée et les enfants ? Pourquoi je ne partirais pas tout simplement, en oubliant tout ici, au Québec ?

Il n'y a pas d'issue, surtout pas en tentant de régler ce problème par téléphone. Jay et moi devons nous voir pour discuter. Nous avons besoin d'un sérieux tête-à-tête. Nous nous rejoignons donc tous à mi-chemin, en Égypte, lors des vacances scolaires d'hiver 2002, et Léandre, Kami, Shanti, Jay et moi faisons un voyage extraordinaire, dont cinq jours sur le Nil en arrêtant dans les villages et villes qui recèlent des trésors d'histoire, de légendes et d'énigmes.

Jay et moi parlons de notre situation intercontinentale. Quels nouveaux arguments trouver quand je répète depuis des centaines et des milliers de fois que j'ai seulement besoin que mon mari vienne habiter au Québec quelque temps ? Pour apaiser le déséquilibre culturel et géographique dans notre couple.

Jay ne peut pas venir. Il commence à mettre sur pied une entreprise dans le domaine de l'investissement : l'Afrique se développera en investissant aux bonnes places pour les bonnes raisons. Ce genre de travail ne se fait pas de Gatineau.

Un soir dans la chambre d'hôtel, au Caire, je pleure doucement dans les bras de Jay. À travers mes sanglots, j'appelle Léandre, Kami, Shanti. Ils viennent au bord du lit, un peu perturbés par le visage de douleur et de culpabilité de Jay, et le mien, qui reflète un déchirement atroce, mal de partout, de l'âme, des tripes, des genoux et des orteils, partout. Dans mes yeux, les enfants lisent la décision qui vient d'être prise. Léandre est le premier à parler :

— C'est correct, maman, je comprends, retourne vivre en Afrique du Sud. Je comprends, ne t'inquiète pas. Je comprends.

Léandre, mon beau Léandre, tu as toujours compris, suivi nos décisions, aimé Jay, ton frère et ta sœur ; tu as toujours compris que j'approuvais que tu aimes et que tu suives ton père, ton autre frère dans ton autre chez-toi. Mais, mon cher Léandre, comment fais-tu pour gérer cette dilacération abominable des entrailles ?

Apprendre à gérer le déchirement, telle est la vie de Léandre. Le déchirement de soi, de sa famille, de son école, de ses amis, de sa communauté. Un soir dans la voiture, alors que je le reconduis moi-même chez lui à la campagne, je lui dis : « Viens avec nous, Léandre. Nous partons dans quatre mois (août 2002), tu pourras finir ton secondaire à la même école où tu allais ! Tu aimais beaucoup cette école française ! Et Kami et Shanti seront…

— Arrête, maman ! Arrête ! Écoute, quand j'avais quatre ans, tu m'as demandé de quitter mon père et mes amis. Quand je suis parti de Johannesburg, j'ai dit *bye* à mes amis. Quand je suis parti du Cap pour revenir au Québec, j'ai encore perdu mes amis et ma famille. Ne me demande plus de quitter qui que ce soit ! »

Il sort en claquant la portière. Jamais Léandre ne m'a parlé sur ce ton, de cette façon. Léandre est un garçon doux, affable, gentil, timide, studieux. Il a toujours suivi. Cette fois, à quinze ans, il prend le contrôle de sa vie. Désormais, c'est lui qui décidera où il vivra et avec qui. Je reste dans ma voiture à pleurer plus fort que la pluie battante dehors. Ses mots résonnent comme ses petits poings de quatre ans, tapant dans la vitre de la voiture, tonnant « Pourquoi tu es allée en Afrique, maman ? Pourquoi tu es allée en Afrique ? »

À travers mes larmes, j'admire son courage, son enracinement dans la vie. Il est le produit de toute son expérience en Afrique du Sud, ses sept années à y vivre, à aimer Jay, à voir arriver son frère Kami et sa sœur Shanti. Il est le produit des multiples voyages en tant que mineur non accompagné, aux quatre coins du monde, seul, de l'Inde à Montréal, de Johannesburg à New York. Il est le produit des visites au temple et sur les collines de la vallée de Reservoir Hills, des rallyes politiques et des dîners avec Nelson Mandela, des messes le dimanche à l'église du prêtre qui nous a mariés, le père Emmanuel Lafont, qui habite à Soweto avec le peuple et la poussière. Léandre est le produit de belles et extraordinaires valeurs, celles de nous deux, de sa famille et de sa belle-famille, de tous les gens qui l'ont influencé dans sa vie, et à qui il porte un immense respect. Léandre est le produit d'un beau mélange interculturel, intercontinental, interfamilles reconstituées qui a adopté les belles valeurs de la vie. Je te souhaite un fils comme toi, mon beau Léandre.

En Égypte, dans les bras de Jay, j'ai pris la décision de retourner vivre en Afrique du Sud. Mais au moment de faire mes boîtes, encore une fois, de les empiler, encore une fois, dans un sous-sol et des greniers, je ne suis plus certaine. J'ai toujours dit que le jour où je retournerais en Afrique du Sud, j'aurais mon pied-à-terre au Québec, pour une question de santé mentale. Un endroit, chez moi, où je ne devrais pas encore une fois empaqueter toute ma vie. Pour ne pas me retrouver dans un nid de coucou de retour de l'autre bout du monde.

Quand je monte dans l'avion, je ne suis pas prête à laisser le Québec, je sens que je n'ai pas encore fait le plein de chez nous, après les aventures de *Mon Afrique*. Au très profond de moi-même, je sens que j'ai pris la mauvaise décision.

CHAPITRE 12

De l'enfer au paradis des montagnes

De septembre 2002 à juillet 2003, ce fut l'enfer pendant dix mois. L'enfer tous les jours : Jay et moi nous nous haïssons presque. La guerre. Les portes claquent, des valises sont faites, défaites et refaites. Nous ne nous parlons que pour nous crier après. Lorsque la visite vient à la maison, ou que nous allons quelque part, nous avons même peine à camoufler notre hargne l'un envers l'autre. Je suis venue en Afrique du Sud pour éviter une séparation entre Jay et moi. C'est plutôt vers le divorce que nous nous dirigeons.

Pendant dix mois, je vais vivre dans une bulle. Le jour, je me réfugie dans le roman historique que j'ai entrepris d'écrire : *Eva*. J'écris comme une défoncée. Je lis comme une malade, alternant encyclopédies sur l'Afrique du Sud, livres de toutes sortes et romans sud-africains.

Je nage, je joue du violon, j'écris, je m'isole complètement dans une bulle en métal. Inatteignable. Sauf par Eva. J'écris les déchirements d'Eva, de sa famille, de son peuple et de son pays à travers les miens, avec des tripes en lambeaux. Pour traiter le sujet du déchirement, je vis les bonnes émotions. Eva est séparée de son fils et de son amour à cause des lois. Moi, à cause de la distance. Quel que soit le bateau qu'on emprunte pour voguer sur le fleuve d'une émotion, le résultat de l'émotion elle-même, pure et enflammée, est le même.

Sauvage, je ne vois pas beaucoup de gens. Complètement absorbée par le travail. Et je fais d'extraordinaires découvertes, dont celle du Lesotho. Lorsque j'arrive à Maseru, la capitale, avec un seul hôtel accessible aux Blancs, le téléphone sonne sans arrêt dans le grand hall d'entrée. Un de ces vieux téléphones à roulette, très vieux, comme celui de ma grand-mère, avec une sonnerie qui crache trop de décibels, perçante et agaçante. Les préposés derrière le comptoir ne semblent pas s'en préoccuper. Les touristes regardent le téléphone, et on voit bien que certains se demandent si quelqu'un va répondre, ou débrancher, ou n'importe quoi d'autre pour faire cesser ce bruit irritant. Mais les employés s'affairent calmement à leurs tâches. Un calme presque provoquant...

Le Lesotho m'a toujours semblé si loin. Pourtant, ce petit pays d'un peu plus de deux millions d'habitants n'est qu'à quatre heures de route de Johannesburg, mais il est situé au cœur des montagnes. Inaccessible. Et comme je le dis dans *Eva*, c'est comme si on avait posé ses mains à plat sur une nappe et qu'on les avait glissées l'une vers l'autre en formant un amas de tissu en plein centre, qu'on avait dessiné un cercle autour de ce tas de montagnes, de plis, de crevasses, de gorges et de vallées, et qu'on avait déclaré : « Voici le Lesotho. » Refuge parfait. Du roi Shaka Zoulou par exemple. Pendant longtemps, des gens y ont habité, notamment les *San* qui vivaient dans les cavernes. Avec un tel tas de montagnes, on peut imaginer le trésor de cavernes et de grottes qu'elles recèlent. Mais plus tard, beaucoup plus tard, vers 1818, à l'époque où Shaka, le grand guerrier zoulou, régnait, terrorisait et se bâtissait une nation en y incorporant toutes les tribus qui lui tombaient sous la main, à l'époque aussi où les Blancs s'appropriaient toutes les terres en vue, les plus belles, le roi Moshoeshoe forma des alliances avec un amalgame de clans des différents peuples sothos et se réfugia dans les montagnes pour former le royaume du Basotho. C'est Noir. C'est l'Afrique. Seulement 0,3 % des gens ne sont pas sotho.

Partout dans la rue de Maseru, en région rurale, c'est-à-dire à quelques pas de Maseru (le pays n'est qu'une zone rurale sauf pour quelques rues), dans les chemins de terre, les champs, je vois des hommes, avec leur chapeau, une grande couverture entourée autour du corps, comme celles qu'on achète chez Zellers, épaisses, bon marché, aux motifs exubérants, aux couleurs souvent criardes, ou tout simplement à carreaux, identiques à celles qu'on jette sur un lit de chalet, pour la visite, ou sur le sofa, devant la télé. Au Lesotho, dehors ou dans la hutte, en tout temps, on maintient cette couverture à l'épaule, soit par un nœud, soit, souvent, par une grosse épingle à couche, immense, telles celles que ma grand-mère utilisait, vieilles comme le téléphone à cadran. Puis, un Basotho tient toujours un bâton. Pour diriger les vaches, pour mener les moutons, des troupeaux qu'on retrouve par dizaines, partout, sur la route, par surprise, dans un tournant. Les chefs ont un bâton, décoré et sculpté. Les petits garçons, un bâton. Toujours un bâton. Ils marchent avec un bâton, s'assoient avec un bâton, dansent avec un bâton. J'imagine qu'ils dorment aussi avec. Je ne sais pas.

Le samedi soir, alors que Jay est invité, je les vois danser en assistant à une cérémonie pour célébrer les doctorats *honoris causa* qu'on attribue à Cyril Ramaphosa et James Motlatsi. James Motlatsi, c'est un Louis Laberge. Mais en Basotho, fils des montagnes. Analphabète très longtemps. Jusque après avoir organisé les travailleurs du pilier de l'économie d'Afrique du Sud : les mines. James Motlatsi était une des têtes dirigeantes du National Union of Mineworkers (NUM) d'Afrique du Sud. Il a finalement appris à lire, à écrire et à parler anglais. Aujourd'hui, il est vice-président d'AngloGold, une filiale d'AngloAmerican, la plus importante compagnie minière au monde. Même analphabète, Motlatsi savait parler et embraser les foules, cinquante mille, et même cent mille personnes dit-on ; il convainquait la masse que les conditions de travail des mineurs étaient minables. Pire : inhumaines. D'ailleurs, il existait une sorte de police de recrutement de mineurs au Lesotho, j'oserais dire une mafia, dont le trafic était le *cheap labour*. James Motlatsi, un simple Basotho, a changé le cours de l'histoire sud-africaine. En 1987, avec Cyril Ramaphosa, il mena la plus importante grève de l'histoire du continent africain, avec trois cent cinquante mille mineurs dans la rue. Et en ce samedi soir, dans le fin fond de la brousse montagneuse et des hauteurs du Lesotho, après trois heures de pluie et de soleil, un vent à écorner les bœufs, dans l'opacité pure de la nuit et des étoiles à portée de la main, sous une tente, presque grande comme une patinoire, James Motlatsi, un gars d'ici, et Cyril Ramaphosa, un Venda d'Afrique du Sud, reçoivent les honneurs. Honneur aussi pour ces simples gens de son village. C'est pourquoi James a choisi ce champ, ce veld austral, chez lui, avec cinq cents des siens. Je suis assise à la table de la deuxième rangée, tout à fait au bout, collée sur la tente et les piquets. Des hommes enrobés de couvertures, des villageois, des paysans, probablement analphabètes, peut-être pas, passent sans cesse à côté de moi, et sans cesse pendant la soirée, je respire une odeur de fumée et de sueur. Même chose pour la couverture des femmes qui, en dessous, portent leur « robe de soirée », leur seule sans doute, bien repassée, certaines mille fois, au fer lourd chauffé sur le feu. Comme celui de ma grand-mère. Le Lesotho est désertique, mais l'altitude n'explique pas tout. Comme tout pays en voie de développement, la production d'énergie constitue un problème. J'ai vu des hommes traîner des arbres complets, beaucoup trop petits et trop jeunes pour être coupés, les feuilles encore vert tendre, pour aller faire à manger, du gruau de farine de maïs fort probablement, de la courge peut-être ou des pommes de terre, du poulet exceptionnellement.

Sur chacune des cinquante tables, il y a le programme de la soirée. Mot de bienvenue, quelques discours, repas à dix-neuf heures trente, etc. Il est presque vingt et une heures trente lorsque les personnes à ma table – la numéro six, sixième sur cinquante – prennent leur première bouchée. Le repas arrive avec deux heures de retard dans d'immenses récipients en plastique, des contenants en métal, n'importe quoi, transportés par une procession de femmes et d'hommes de la route de terre jusqu'au chapiteau, à travers le champ et dans la nuit. Le poulet est froid. La bière chaude. Et la foule complètement enivrée. « *Amandla ! Nguwethu !* » (Pouvoir ! Au peuple !), « *Viva NUM. Viva.* » Et, pour la première fois de l'histoire du pays : « *Viva AngloAmerican. Viva !* » On louange la compagnie qui a exploité les travailleurs noirs. Comme les temps changent. Cyril Ramaphosa est désormais docteur en droit. Logique. Il a dû convaincre les mineurs de leurs droits, négocier ceux-ci avec AngloAmerican. Durant l'apartheid, ce n'était pas une chose facile, surtout avec la peau ébène. Cyril a ensuite négocié la constitution intérimaire, celle qui a remis le pays sur ses rails après le massacre de Boipatong en 1992[7]. Lui et Roelph Meyer, le bras droit de Frederik De Klerk dans le temps, ont passé des nuits à discuter, à négocier, à faire des compromis, d'un côté comme de l'autre. Ils sont même allés en voyage de pêche ensemble. Et sont revenus, plein de poissons et de poignées de mains. Devant la foule sous la tente, le micro au maximum, alimenté comme le faible éclairage tout en haut au plafond par une génératrice au bruit d'enfer, un des présidents d'AngloAmerican, Bobby Godsell, dit qu'après avoir négocié avec AngloAmerican, négocier la future constitution du pays avec Cyril fut une peccadille. Cette phrase révèle tout le talent de négociateur de Cyril Ramaphosa.

Quant à James Motlatsi, il est docteur en philosophie. En philosophie ? Oui, il faut être un sacré bon philosophe pour changer le cours de l'histoire des travailleurs d'Afrique du Sud, avec juste des mots comme arme pour convaincre les siens et les

---

7. La population de Boipatong (trois cent mille habitants) fait vivre les immenses aciéries nationales ISCOR. En juin 1992, quarante-trois personnes, dont des enfants et des femmes enceintes, sont massacrés. On soupçonne des membres des forces de sécurité du gouvernement blanc et du parti Inkatha du chef Buthelezi d'être responsables.

autres. Le tiers des salaires du Lesotho vient d'Afrique du Sud. La moitié des Basothos n'ont pas de travail officiel.

Ma fille tombe endormie sur mes genoux. Une femme édentée, avec juste une dent en plein centre de son sourire, vient me voir deux fois. Elle veut m'alléger de mon fardeau et transporter ma fille sur son dos, pour que je puisse manger les mains libres et en paix. Mais je refuse devant l'image de Shanti ahurie, perdue et épeurée qui se réveillerait au milieu d'une foule qui danse au son de l'orchestre local, un jazz basotho typique, avec des bâtons qui s'agitent, des chapeaux qui flottent, des corps qui ondulent comme seuls les Noirs savent le faire. Des enfants, certains la chemise trop grande, rapiécée tant de fois qu'il est impossible de reconnaître le tissu original, la plupart couverts d'une mini-couverture, un bonnet sur la tête, le ventre creux, très creux, examinent, admirent, absorbent tout ce qui se passe. Ce doit sûrement être le plus grand événement de leur vie. Ils sont cinq cents et plus en ligne pour manger, après les cinquante tables et la centaine de chaises. Mais même avec deux heures de retard, même le ventre creux et la bouche qui salive – je les vois saliver –, ils sont calmes, patients, leurs visages crasseux sereins. Leur tour venu, ces petits que j'ai envie de prendre dans mes bras un à un, mangent comme si demain n'existe pas. Comme si les montagnes n'existent plus, ni le ciel ni rien.

Le lendemain matin, je regarde la carte du Lesotho. Il est sept heures. Je vois Katse Dam en plein centre du pays. Je me souviens d'avoir lu quelque chose au sujet de ce plus haut barrage du continent africain avec ses cent quatre-vingt-cinq mètres de haut. Il fournit une bonne partie des besoins en eau de l'Afrique du Sud. En fait, sans le Lesotho, l'Afrique du Sud mourrait de soif. Le barrage est long de sept cent dix mètres. Tout un contraste dans cette nature. « Il n'y a qu'un peu plus de deux cents kilomètres à faire pour s'y rendre, pas long » assuré-je à mes enfants. Mais en Afrique, le temps nécessaire au parcours n'a rien à voir avec la distance. Les quarante-sept derniers kilomètres nous prennent presque deux heures. Même si le toit de l'Afrique, c'est le Kilimandjaro, on appelle la route qui traverse les montagnes du Lesotho, Roof of Africa. Il s'agit en effet du plus haut toit praticable en voiture, en moto, en 4×4. Le Roof of Africa Rallye, qui se tient tous les ans dans ces montagnes, est considéré comme l'un des plus difficiles au monde. Le plus haut pub de l'Afrique se trouve ici, à environ trois mille quatre cents mètres d'altitude.

Partout, les flancs de montagne sont parsemés d'ânes et de chevaux qui broutent, qui transportent des vivres, des meubles, des pierres, des hommes, des femmes, des enfants. Parfois, au tournant d'une montagne, on peut apercevoir sur l'autre versant, loin, loin, des petits points qui bougent. Lorsqu'on s'approche, si ce ne sont pas des ânes ou des chevaux, ce sont des troupeaux de chèvres et de moutons de montagne, un homme, un garçon, quelques enfants le bâton à la main, enroulés dans leur couverture, qui guident, vivent, respirent, ne voient rien et tout à la fois. Deux fois, j'aperçois une affiche annonçant une courbe raide. Après quelques centaines de courbes abruptes, à presque cent quatre-vingts degrés, je me demande pourquoi ces deux courbes, identiques à toutes les autres, sont honorées d'un panneau de signalisation. Puis j'en vois un indiquant une traversée d'écoliers. Je regarde autour de moi. Rien. Que des montagnes, des gorges, de l'eau partout qui ruisselle depuis des millénaires sur les roches noires et qui les rend brillantes comme la neige sous le soleil. On dirait même de la glace. « Ce sont les chèvres qui font pipi » dit ma fille. Partout, ça coule. Même où il n'y a pas de chèvres. Que d'immenses imposantes majestueuses montagnes silencieuses qui suent depuis toujours. Après un des nombreux cols que nous avons traversés – celui-ci s'appelle le *God Help me Pass* (Que Dieu vienne à mon secours) –, nous offrons un siège dans notre véhicule à un gardien de prison qui cherche un moyen de se rendre à son travail. « Pas loin, dans deux villages. » Il passe cent kilomètres avec nous. Trois heures de tournants et d'à-pics. Un jeune homme si poli qu'il dit merci quand nous nous excusons de vouloir admirer tel paysage, arrêter pour prendre telle photo, montrer tel endroit aux enfants. Il veut devenir avocat. Mais, pour l'instant, il travaille à la prison de Thaba Tseka. Il dévore nos oranges, boit des jus, répond à nos questions tant bien que mal, dans un anglais cassé. Il dit merci tout le temps. Il est passé treize heures, et les petits ont faim. Il nous assure qu'il y a un excellent restaurant à Thaba Tseka. Nous sommes rassurés.

Thaba Tseka est un petit village, quelques dizaines, une centaine peut-être de modestes habitations. La rue principale, longue de cent mètres, se limite à quelques constructions en tôle ondulée, un cubicule servant de *Public Phone,* un petit rectangle en métal, de *Bottle Store,* et un autre, de magasin général : bougies, pain, farine de maïs, savon, Coca-Cola. Dans notre « excellent restaurant », on vend ce qui semble être du poulet, des biscuits secs et des frites « fraîches ». Nous prenons les frites et les biscuits, mais la fraîcheur des frites laisse à désirer. Elles ont goût de poisson, dans ce pays situé à des centaines de kilomètres de la mer, dont 80 % du territoire se trouve à plus de mille huit cents mètres d'altitude, la cime atteignant trois mille quatre cent quatre-vingt-deux mètres, où on ne mange jamais de poisson. On dîne avec des biscuits secs et quelques pommes qui nous restent.

Tout en haut, dans la vallée de la rivière Malibamatso, la vue du barrage Katse est à couper le souffle parce qu'on l'aperçoit tout à fait par surprise, après une courbe. Quand on arrive face à ce mastodonte de béton, on reste stupéfait. Ce barrage fait partie du développement du Lesotho Highlands Water Project pour exploiter la première richesse du pays : l'eau. Nous suivons, perdons, revoyons, longeons en serpentant dans les montagnes les quarante-cinq kilomètres de ce barrage qui a obligé à déplacer, bien sûr, les huttes et la vie de beaucoup de gens, leur ôtant leur quiétude. En contrepartie, on leur a, entre autres, promis des écoles. J'en verrai deux le long de cette immense rivière inventée, large, irréelle presque, dans ce décor féerique, où les montagnes donnent l'impression de percer, tout doucement, le ciel bleu. Parfois, j'ai l'impression que les gens en tombent directement. Ils sont là, un garçon, quelques hommes, une femme, des fillettes, le long de la route, accroupis, ou debout, parlant ou silencieux, nous regardant passer comme des intrus. Parfois, des enfants courent après nous, les bras tendus, le sourire fendu. Veulent-ils de l'argent? Ils en prendraient. De la nourriture? C'est sûr qu'ils la dévoreraient. Mais, toujours, nos saluts les satisfont. Parfois, quand nous arrêtons, dans un village de tôle, ou parmi quelques huttes rondes au toit de chaume ou de tôle retenue par de grosses pierres, on nous approche. Je baisse la vitre. J'entends : « *Dumela* », et on attend que je réponde « Allô » en sotho. Puis il y a leur sourire. Dans ces montagnes, partout où nous passons, nous sommes accueillis avec un sourire, drapé d'une couverture, accompagné d'un signe de la main ou du bâton. Plus loin, plus haut, seuls la marche, le cheval ou l'âne peuvent servir de moyen de transport pour s'aventurer, vivre ou se déplacer. Le vélo de montagne aussi. La moto. L'avion par endroits. Vingt-neuf aéroports! Trois seulement ont une piste pavée. Il y a un train aussi. La longueur totale du réseau ferroviaire est de deux kilomètres et demi!

Parce que si inaccessible et si difficile d'accès, le Lesotho fut un tremplin parfait pour l'exil international durant la lutte contre l'apartheid. Nombre de militants sud-africains ont franchi la frontière, assez facilement, sans passer par le poste de douane, mais plutôt des cols et des pics, des flancs et des gorges effrayantes. Il est impossible de garder chacun des neuf cent neuf kilomètres de frontière avec l'Afrique du Sud. C'est une des raisons, à part la corruption et les syndicats du crime, pour lesquelles le Lesotho est une des plaques tournantes mondiales du trafic d'armes, surtout des AK-47, de bétail et de drogue. Quelques chapitres de mon roman *Eva* sont nés ici, tous basés sur des histoires vraies.

Après avoir parcouru des centaines de kilomètres dans ce pays, ce qui me frappe, c'est le manque de contrastes. À l'opposé, l'Afrique du Sud est pleine de contrastes, de paradoxes : partout, dans la plus grande ville jusqu'au plus petit village, les cabanes de tôle ceinturent les domaines verts, confortables, électrifiés, avec l'eau courante, les murs, les alarmes. Au Lesotho, tout le monde est pauvre, ou à peu près. Égal dans leur pauvreté. Même si la moitié des Basothos vivent sous le seuil établi de la pauvreté, l'autre moitié n'est pas diablement plus riche. Ce manque de contrastes économiques rendrait-il la pauvreté plus saine peut-être ? Plus vivable ? Même si on a faim ou froid ? Je ne sais pas. Le Lesotho m'a beaucoup fait réfléchir sur la vie.

Au bout de la rude journée, notre pauvre voiture est fatiguée. Couverte de poussière. Les enfants ont faim. Presque à regret, avec le soleil couchant que nous apercevons tantôt dans une courbe entre deux montagnes, tantôt sur l'autre versant, immuable, imposant, nous redescendons jusqu'en Afrique du Sud. Il est tard. Il fait noir. Et nous sommes tous affamés. Nous nous arrêtons à Bethlehem, un petite ville afrikaner. Pour arriver à la rue principale, nous traversons un quartier fleuri, avec d'immenses maisons entourées de murs, de fils barbelés, et des BMW ou des Mercedes dans les cours. Une fois au centre de la bourgade, on a le choix entre Kentucky, Nandos, Spur, des restaurants aux toilettes immaculées avec eau chaude, savon, papier ou même des séchoirs à mains électriques. Nous sortons de la ville, fouettés en pleine face par le paradoxe en passant devant un *township* noir et ses abris en tôle. En Afrique du Sud, la tôle a une différente connotation.

Nous filons à cent vingt, cent trente kilomètres à l'heure sur ces superbes autoroutes bordées pendant des centaines de kilomètres de petits réflecteurs orange, parfaitement alignés, peut-être posés par un Basotho. Qui sait ? Déjà, je m'ennuie du Lesotho, de l'Afrique, où le temps et la distance n'ont rien à voir avec la vie. Ce qui se passe au pied de ces montagnes, le monde, l'autre monde, leur importe peu. Il est loin. Inaccessible. Les téléphones qui sonnent leur importe peu.

Finalement, quelqu'un décroche le téléphone. Il attend au comptoir avec nous. Un touriste. Il est exaspéré. Il prend le récepteur et le dépose fermement mais délicatement à côté de l'appareil. Puis il laisse entendre une grande expiration.

Nos oreilles bourdonnent. Les préposés derrière le comptoir lèvent tous les yeux, nous questionnant du regard. On vient d'interrompre leur calme. Ici, au Lesotho, on laisse le téléphone sonner. Comme on laisse les montagnes respirer. Ce n'est pas pour rien que ce pays s'appelle le Royaume des montagnes.

CHAPITRE 13

Le fantôme de Maria

Lorsque je rencontre Rosie pour la première fois – la domestique que Jay a engagée à mon arrivée en Afrique du Sud –, je me fige. Je suis envahie d'une nausée et d'un vertige : elle me rappelle Maria. Maria, notre nounou, et une espionne pendant quatre ans (1995-1999), me hante toujours. Maria la voleuse aussi : au cours des années, elle nous a volé bijoux, argent, parfums, bibelots, vêtements, nourriture, boisson. C'est en juin 1999, la journée même des deuxièmes élections démocratiques de l'Afrique du Sud, que j'ai su que la femme en qui j'avais cru pendant quatre ans, que j'aimais, dont j'avais pris soin, elle et ses enfants, était une espionne. À l'aide d'une caméra cachée, nous avons fait cette navrante et traumatisante découverte qui a mené ensuite aux micros cachés, à des notes explicatives sur la fabrication de lettres et de colis piégés, des cours de maniement et de permis d'arme à feu. Maria a été arrêtée, puis relâchée une semaine plus tard. Quelqu'un a payé sa caution de dix mille rands ! Qui ? Je devais aller témoigner en cour. Aujourd'hui, sept ans plus tard, au moment où j'écris ces lignes, je n'ai jamais réentendu parler de Maria, ni de cette histoire. J'ai toujours la hantise, la frayeur de la croiser dans la rue ou dans un magasin. Je ne sais pas comment je réagirais. Ma mère m'a conseillé de l'ignorer, de faire semblant de ne pas la voir ou de ne pas la reconnaître, que c'est cela qui lui ferait le plus mal. Mais serais-je capable de garder le couvercle fermé sur sept ans de peur, de souvenirs, de trahison ? J'écris ces mots, et mon cœur bat à toute vitesse. Maria n'est toujours pas expulsée de mon organisme…

Alors, en un quart de seconde, ma première poignée de main à Rosie fait bondir mes pulsations cardiaques. Je blêmis. Je crois que je lui fais peur. Rosie, fin quarantaine, vient de quitter une famille pour laquelle elle travaillait depuis vingt ans. C'est toute une vie ! Le monsieur vient de se remarier, et sa nouvelle femme amène avec elle sa domestique, qui a vu grandir ses enfants à elle.

Debout, dans l'entrée de la maison, je lui raconte l'histoire de Maria, je lui parle de ma réticence à avoir quelqu'un qui travaille pour nous ; je lui dis que, s'il y a un vol, ne serait-ce que d'une épingle à linge, ce serait la porte, que je suis très nerveuse de faire sa connaissance et que je me méfie d'elle, mais qu'elle n'est pas responsable de mon attitude. Elle me sourit et répond qu'elle est enchantée de me rencontrer. Je pars dans ma chambre pour respirer. Mon espionne Maria a brisé ma confiance envers autrui auparavant inébranlable. Je ne m'en suis jamais remise. Lorsqu'on me demande, à la blague, si je suis certaine que Rosie n'est pas une espionne, ma respiration s'accélère. Bien sûr que j'en suis certaine…, mais cette question me remue. Si ma tête est sûre à cent pour cent, mon cœur, lui, se met à cogner plus fort. Parfois, au supermarché, j'écris des scénarios dans ma tête et m'imagine qu'en tournant pour descendre dans une autre allée, Maria est là, devant moi. Elle sort une arme blanche, nous nous battons pour qu'elle évite de poignarder mes enfants ; ou alors je me mets à crier après elle et elle part à rire ; ou encore, je passe à côté d'elle comme si elle n'existe pas et elle m'assomme. Je dois absolument me ressaisir et arrêter de penser à elle, c'est trop. La trahison tue, détruit, handicape. J'aimerais bien savoir ce qu'elle est devenue… Peut-être dormirais-je mieux, ou peut-être pas… Et si elle vivait le parfait bonheur ? Si elle n'avait aucun regret, qu'elle continuait à vivre sa vie comme si elle n'avait pas détruit un bout de la mienne ? Je suis convaincue qu'on retire de la vie ce qu'on donne. Les cieux la puniront. C'est ce que je lui souhaite… Pourtant, je ne suis pas méchante, je ne crois pas à la vengeance, mais à la bonté, la compassion, l'honnêteté et l'intégrité. La vie prendra bien – ou mal – soin d'elle. Quand je pense à tout cela, je suis troublée. Les souvenirs de Maria agissent sur moi comme une araignée venimeuse sur ma peau.

Alors, quand je rencontre Rosie, c'est cette araignée insidieuse qui refait surface, en un éclair. Rosie ne s'offusque pas. Elle doit penser : « Encore une de ces madames blanches hautaines et froides… » J'aimerais bien lui offrir mon livre à lire, pour qu'elle comprenne. Je décide, sur-le-champ, d'envoyer *Mon Afrique* à des éditeurs sud-africains pour le faire traduire et publier ici. Pas pour que la population d'Afrique du Sud le lise, mais pour que Rosie et Jay saisissent enfin comment j'ai vécu les années quatre-vingt-dix.

Lorsque je sors de ma chambre, Rosie s'affaire dans la cuisine. Elle interrompt son fredonnement, me sourit et continue son travail. Je me sens mal. C'est à ce moment précis que Selma, la domestique dans mon roman *Eva,* commence à vivre d'elle-même, qu'elle se donne elle-même une âme, qu'elle se libère de mes mots qui l'ont inventée. C'est désormais Selma qui me dicte quoi écrire.

CHAPITRE 14

Rosie

Eva naît pendant l'écriture de *Mon Afrique.* Au fur et à mesure que coulent les mots de *Mon Afrique,* un film se déroule dans ma tête. Avec tout le matériel que j'ai accumulé pendant plus de dix ans, avec ma nounou-espionne Maria, avec les micros cachés dans ma maison, et avec beaucoup plus de connaissances sur les dessous de la politique et de l'information que je n'aurais pu mettre dans *Mon Afrique,* le roman d'amour historique *Eva* voit le jour. Comment expliquer à tous ces gens qui me le demandent, autant dans la rue, dans les magasins que dans les réunions de famille, ce qu'était la vie au quotidien sous l'apartheid ? *Eva* sera la réponse.

Lorsque j'ai déménagé en Afrique du Sud en 1991, je n'avais pas le droit de vivre avec mon mari. Au cours des années, j'ai rencontré des femmes blessées par les lois, endurcies par les peines d'amour, des hommes qui ont changé de politique, et de fusil d'épaule pour l'amour d'une femme, des Blancs qui se sentaient Noirs dans leur âme, des parents qui s'obstinaient à tout prix à peindre celle de leurs enfants de la « bonne » couleur, la blanche ; je suis allée à des funérailles de gens qui m'étaient inconnus pour partager la douleur de ceux qui enterraient un des leurs, des combattants pour la justice ; j'ai assisté à des mariages entre Noirs et Blancs, Indiens et Métis, même un au Québec, sur le pont couvert de Wakefield, où on a célébré un mariage entre un Sud-Africain musulman d'origine indienne et une Québéco-Canadienne, de père et mère de nos deux nations qui se griffent au Canada. J'ai vu et connu tant de gens qui ont pleuré la disparition d'un être cher, victime active ou passive d'une lutte contre un des systèmes les plus malins et iniques qui aient existé. L'apartheid était un poison terrible qui a pénétré dans les racines même de la psyché d'un peuple, dans ses veines et ses vaisseaux. L'apartheid fut une terrifiante aventure qu'aucun raisonnement, qu'aucune excuse ne peut justifier. Ses dégâts à l'âme humaine, là où se niche le centre de l'amour, sont immenses.

Dans *Eva,* je choisis donc de raconter la vie du peuple sud-africain à travers une profonde histoire d'amour. Selma, la domestique, ce sont toutes les Selma que j'ai rencontrées dans ma vie, des quantités de Selma, même si c'est Rosie qui lui a donné son âme. Toutes les maisons à Johannesburg, ou presque, ont une Selma dans leurs murs.

Malgré son calme, ses chants qu'elle fredonne en faisant le ménage, l'amour qu'elle porte à mes enfants, Rosie retient comme Selma un cri étouffé, un cri social, le cri de toute une société. Voilà ce que l'apartheid a réellement fait. Albie Sachs, juge de la Cour constitutionnelle d'Afrique du Sud, qui a perdu l'usage d'un bras et d'un œil dans l'explosion de sa voiture provoquée par les agents du gouvernement de l'apartheid (il est Blanc !) m'a déjà dit : « Les profondes indignités psychologiques imposées aux gens sont les pires des cicatrices de l'apartheid. L'approvisionnement en eau, en électricité ou l'accès aux soins de santé ne peut pas effacer les cicatrices mentales. »

Rosie est domestique depuis toujours. Née en 1952, elle est mère de deux enfants qu'elle n'a pas élevés, parce qu'elle devait travailler en zone blanche pour pouvoir subvenir aux besoins de sa famille. Elle détenait un permis pour y vivre, « privilège » que le reste de sa famille n'a pas obtenu. Comme des millions de femmes, c'est sa mère, la mamie des petits, qui a élevé ses enfants dans le bantoustan, loin, là-bas, aujourd'hui le Limpopo, où il n'y avait rien, pas d'emplois, pas d'eau, rien que de la terre aride.

Un jour, j'ai demandé à Rosie ce qu'elle aurait fait de sa vie s'il n'y avait pas eu d'apartheid. Sans hésiter, elle a répondu que si elle avait eu accès à la même éducation, aux mêmes ressources, aux mêmes privilèges qu'une Blanche, elle serait devenue médecin. Parfois, elle me raconte des événements racistes qui ont eu lieu dans sa vie : faire la queue pendant trois jours pour un emploi offert dans un hôpital et voir toutes les Blanches passer devant elle ; attendre, à la boulangerie, que les Blancs se servent de pain frais et partager le reste, s'il y en avait, avec les autres ; marcher dans la rue et non sur les trottoirs des Blancs ; ne pas pouvoir entrer dans un cinéma pour voir à quoi ressemblaient ces immenses images dont elle entendait parler.

Malgré tout, Rosie n'est jamais en colère, ne crie jamais. Elle ressent plutôt une immense tristesse. Elle aurait tant voulu être médecin…

Rosie entretient ma maison, prend soin des enfants lorsque nécessaire, va les chercher en voiture à l'école quand je suis trop occupée, fait la cuisine, toujours succulente. Elle rit facilement, toujours. Elle lit beaucoup, et le journal tous les jours. Elle est la trésorière d'un groupe de dix femmes qui contribuent à une assurance privée. Cet organisme reflète la femme noire africaine, solide pilier de la société. Chaque mois, les femmes cotisent à un fonds : vingt rands (quatre dollars). Pour Rosie, cela équivaut à 0,5 % de son salaire mensuel. Pour une domestique ne vivant pas avec l'ancien secrétaire général et cofondateur du Congrès des syndicats sud-africains – qui s'est battu pour le droit des travailleurs, surtout celui des femmes les plus démunies, dont les domestiques –, cela représente en moyenne 2,5 % de son salaire mensuel. Ces dix femmes rapportent donc deux cents rands par mois. Cet argent sert à toute urgence à laquelle pourraient faire face les femmes et leurs familles. Par exemple, il y a quelques semaines, un incendie a ravagé la maison d'une des femmes du groupe où habitait Sara, la fille de Rosie. Les deux familles ont tout perdu. Quatre enfants et les parents à habiller, les uniformes pour l'école, tout à rebâtir. Ce fonds, qui possédait plus d'un millier de rands, a servi à cela. Il fait aussi tout son possible pour aider les proches lors de la mort d'un conjoint ou d'un accident. Mais les femmes y consacrent aussi du temps – du tricot, de la couture, de la peinture, l'échange de la garde des enfants, de la cuisine. Rosie a une vie éminemment bien organisée, la messe le dimanche, les amis du quartier, les groupes de femmes. Toutes les domestiques, comme Rosie, savent tout, voient tous les déplacements du quartier, guettent et se serrent les coudes. Un soir, nous avions oublié de fermer la porte du garage – qui donne accès directement dans la maison. Annie, la domestique d'en face, a appelé Rosie sur son cellulaire. Celle-ci s'est levée pour aller la fermer. Rosie est l'exemple parfait de l'esprit de *ubuntu,* philosophie africaine selon laquelle une personne n'existe qu'à travers les autres personnes : le « je » ne peut pas exister sans le « nous ».

Rosie se rend « chez elle » deux ou trois fois par an. Chez elle, c'est encore loin, là-bas, en région rurale, dans son ancien bantoustan. Elle me parle de sa maison et rêve du jour où j'irai la visiter dans son chez-soi décoré de bibelots et de tableaux, avec des photos sur le bureau. Et un pouf, pour ses pieds à elle ! Quand elle part pour la fin de semaine, elle est toujours tirée à quatre épingles et emporte d'immenses sacs de victuailles pour les enfants et petits-enfants de la famille élargie. À Noël, Rosie a, en plus, des petits cadeaux en poche, ainsi que son gros couteau pour abattre le mouton, la chèvre, ou même peut-être une vache si le budget le permet et que toute la famille est présente.

Sa fille Sara habite à Soweto. Elle travaille dans un bureau comme commis. Le fils de douze ans de Sara vit au Limpopo, et sa fille de un an est encore avec elle, pour l'instant. J'ai raconté à Sara que j'étais souvent allée à Soweto, peut-être même cent fois. Elle a ri. Une Blanche ne va pas à Soweto, même une fois, encore moins cent fois! Quand la présence d'une Blanche à Soweto ne sera plus incongrue, les cicatrices de l'apartheid auront à peu près disparu. Quand des femmes comme Rosie pourront habiter leur propre maison, vivre avec leurs propres enfants, les cicatrices de l'apartheid auront à peu près disparu. En tout cas, ainsi pourront, espérons-le, en témoigner nos arrière-petits-enfants.

Rosie et moi nous entendons à merveille, mais je reste en dehors de sa vie privée, pas comme avec Maria. Cette fois, Jay s'occupe de toute relation professionnelle avec elle. Jamais je ne lui dis quoi faire. Ou alors, je le fais moi-même, comme laver mon réfrigérateur. Rosie m'a vue un jour en train de le nettoyer, et depuis, elle le garde impeccable. Au Québec, je m'occupais de tout. La tradition des domestiques, surtout celles qui vivent à la maison, n'existe pas! Ici, une maison sans domestique est impensable. Ou alors très rarement. L'auteur Alexander McCall Smith, qui a écrit quelques brillants livres au sujet d'une Botswanaise détective, Mma Ramotswe, dit dans *Les larmes de la girafe* : « Pour un fonctionnaire aussi bien payé que le Dr Ranta, ne pas employer de jardinier dénotait une évidente absence de compassion. Engager des domestiques relevait du devoir social, car ceux-ci ne manquaient pas et ils avaient besoin de travailler. Les salaires étaient bas – excessivement bas, de l'avis de Mma Ramotswe – mais, au moins, le système créait des emplois. Si toute personne percevant un salaire engageait une femme de ménage, cela permettait aux femmes de ménage et à leurs enfants de manger à leur faim. Si, au contraire, chacun nettoyait son intérieur et entretenait seul son petit bout de terre, que devenaient les femmes de ménage et les jardiniers? »

Jamais il n'y a eu un brin de friction entre nous deux. Mais je m'ennuie de ne pas faire mon ménage. Et aussi, d'avoir une maison tout à fait privée, surtout que j'ai l'habitude de travailler seule à la maison. Le dimanche matin, mettre le *Requiem* de

Mozart à plein volume et l'écouter en t-shirt et en petite culotte n'est plus possible. Même si Rosie ne travaille pas cette journée-là, elle habite chez nous et utilise la cuisine, et je ne veux pas la déranger avec ma musique.

Rosie aime mes enfants comme s'ils étaient les siens. Lorsqu'elle va chercher Shanti à l'école (elle finit une heure plus tôt que Kami), elle n'oublie jamais de lui apporter une bouteille d'eau froide, « parce que Shanti aura peut-être soif ». Quand elle les garde le soir, elle est heureuse parce que Shanti lui demandera de jouer aux cartes avec elle. Nous sommes sa famille, sa vie. Mes enfants sont les siens. Elle aime mes amis et est toujours d'un respect et d'une politesse exemplaires. Parfois, je lui raconte quel est mon travail, ma vie. Elle me trouve chanceuse, moi qui ne suis pas Sud-Africaine, de croiser les grands leaders qu'elle a toujours rêvé de rencontrer un jour : Nelson Mandela et sa femme Graça Machel, Adelaide Tambo et feu son mari Oliver Tambo, Govan Mbeki, Albertina et Walter Sisulu qui fut le mentor de Nelson Mandela, celui qui l'a recruté.

Je lui annonce que, dans deux semaines, je dois aller prendre le thé avec Walter Sisulu pour ses quatre-vingt-onze ans. Je l'ai vu l'année dernière chez Mandela, alors que Jay avait un rendez-vous avec lui (il avait attendu deux ans pour le rencontrer trente minutes !). Ayant accompagné Jay, j'ai eu la surprise de voir arriver Walter et Albertina. Graça était aussi là. Bien évidemment, ce thé fut mémorable. Je dis à Rosie – qui a appuyé l'ANC et ses leaders – que j'aimerais bien qu'elle m'accompagne, un jour. Secrètement, je planifie de l'amener avec moi pour célébrer les quatre-vingt-onze ans de Walter Sisulu. J'imagine la belle robe qu'elle enfilera, la bleue qu'elle a cousue elle-même, bordée de délicate dentelle blanche, le foulard du même tissu qu'elle enroulera autour de sa tête, son sac à main blanc qu'elle n'utilise que pour les occasions gaies – un mariage, un rendez-vous avec son mari, qu'elle voit rarement… Je ne le lui dirai que la veille. Elle ne dormira pas. Et moi non plus.

CHAPITRE 15

Walter Sisulu

Le 5 mai 2003, vers quatre heures du matin, le cellulaire de Jay sonne. Ce n'est pas bon signe : une urgence ou une très mauvaise nouvelle.

Ce sont les deux.

Walter Sisulu vient de rendre l'âme, à deux semaines de ses quatre-vingt-onze ans. Dans *Mon Afrique,* j'ai beaucoup parlé de notre relation. Il fut longtemps mon voisin, et je peux dire, aussi un bon ami. Lors de nos marches ensemble, nous parlions beaucoup. J'ai enregistré des heures de conversations, où il m'a raconté sa vie, depuis son premier souvenir. Il me tenait la main, me chantait des chants de libération, répondait à toutes mes questions. Et plus notre relation se développait, plus nous parlions de sujets intimes, comme le fait qu'il adorait sa femme, mais qu'il ne pouvait pas coucher dans la même chambre qu'elle. « J'ai dormi avec les lumières allumées pendant vingt-six ans en prison. Je ne peux pas me défaire de cette habitude, et il faut le noir total pour Albertina. » Après cette confidence, il a éclaté de rire, puis s'est étouffé avec le liquide qui remplissait ses poumons. Il était déjà vieux et fragile. Il toussait pendant plusieurs minutes, je lui offrais de l'eau, puis nous continuions notre conversation après une plage de silence. Le silence ne gênait jamais nos moments partagés.

Aujourd'hui vient de s'éteindre un monument d'homme. À l'étranger, presque personne ne le connaît. Et pourtant, l'Afrique du Sud ne serait pas ce qu'elle est aujourd'hui sans Walter Sisulu.

Je saute hors du lit, estomaquée par la nouvelle. Mon cœur bat rapidement. Je suis consciente que les prochains jours vont être fous, tant à cause des topos et des articles à rédiger pour le Canada, tant pour l'Afrique du Sud et son peuple qui vont préparer et vivre les plus importantes funérailles de leur histoire. Elles se tiendront le 17 mai prochain, la veille de son quatre-vingt-onzième anniversaire de naissance.

Je n'aurai pas pris ce dernier thé avec lui. Rosie n'aura pas eu son premier. Tout en travaillant et en préparant mes reportages et mes articles, une question me trotte dans la tête : « Aurai-je une prochaine occasion de voir Mandela, de lui parler, de prendre un "dernier" thé avec lui ? Ou est-il déjà pris ? »

Nelson Mandela, plus grand ami et confident de Walter, est démoli par la mort de son alter ego. « Une partie de moi est morte », a-t-il dit à la presse, les larmes aux yeux, avec un profond soupir. « Pendant soixante-deux ans, nos vies ont été intimement liées. Nous avons partagé la joie de vivre, partagé la douleur aussi. Ensemble, nous avons partagé des idées, forgé des plans. Nous avons marché côte à côte à travers la vallée de la mort, soigné, ensemble, nos blessures ; nous nous sommes soutenus mutuellement lorsque l'autre chancelait. Ensemble, nous avons savouré la liberté. » C'est vers Sisulu que Mandela se tournait lorsqu'il avait besoin de conseils, d'avis, d'inspiration même.

Pilier et protagoniste de la lutte contre l'apartheid, une « encyclopédie vivante », Walter Sisulu fut, pendant des décennies, la « locomotive silencieuse » de l'ANC, un homme d'une affabilité et d'une humilité extraordinaires, d'une humanité presque surhumaine. « Si nous, comme mouvement de libération et comme nation, n'avions le choix de raconter qu'une histoire de vie, cette histoire devrait être celle de Walter Sisulu. » Ce sont les premiers mots de Nelson Mandela, dans la préface qu'il a écrite pour la biographie de Walter et Albertina Sisulu écrite par leur belle-fille Eleaonor Sisulu. Mandela pèse toujours ses mots. Car raconter l'histoire de Walter Sisulu, c'est tout dire au sujet de la lutte.

En Afrique du Sud, la seule mention du nom de Sisulu inspire le respect, l'admiration, la vénération même, n'importe où, dans tous les milieux – noir, blanc, économique, politique, de droite ou de gauche. On ne sait plus comment le surnommer. Parfois, on parle de lui comme le parrain du mouvement de libération du pays, parfois, le fils de la lutte, ou le père de l'émancipation, ou le grand-père de la révolution, ou *Tata*, « vénérable grand homme », du pays. Pourtant, à l'étranger, le nom de Sisulu est peu ou pas connu. Les médias ont choisi, avec raison disait Walter Sisulu, le charisme de Nelson Mandela pour symboliser la lutte contre l'apartheid. Mais Mandela est le premier à renvoyer la balle de la notoriété dans le camp de son ami, camarade de prison pendant vingt-six ans qui fut, dit-il, « une figure de proue qui a façonné l'histoire de l'Afrique du Sud ».

Walter Sisulu est né à Qutubeni, un petit village rural du sud-est de l'Afrique du Sud, en 1912, l'année de la fondation de l'ANC, et les deux deviendront plus tard inséparables pendant près de sept décennies. Sa mère, qui travaillait comme domestique dans la ville blanche, a eu deux enfants d'un magistrat blanc de Johannesburg. Walter et sa petite sœur auraient donc dû, selon les lois de l'ancien régime de l'apartheid, être classés « Métis ». « Je suis Africain, de bord en bord, dans mon cœur et dans ma tête », m'a dit Walter Sisulu. Et c'est au cœur de la culture africaine xhosa qu'il a été élevé, courant pieds nus dans la vallée parsemée de petites huttes rondes aux toits de paille, bâton à la main pour mener les moutons, les chèvres et les vaches au pâturage, ou sac à l'épaule pour marcher tous les jours cinq kilomètres pour s'asseoir sur les bancs de l'école du village voisin. Ce qu'il ne fit pas longtemps. Avec une sixième année en poche, il partit pour la grande ville blanche, Johannesburg, parce que, « à l'époque, s'enrichir était plus important que s'éduquer ». D'autant plus qu'il avait la responsabilité, en tant que seul garçon, d'aider sa mère à subvenir aux besoins de la famille.

Comme la plupart des Noirs de l'époque à la recherche d'un travail accessible, il voulait travailler dans une mine, mais à seize ans, trop jeune pour descendre loin sous terre, on lui attribua plutôt un travail de livreur de lait pour la mine. Au bout de huit mois, une querelle éclata entre lui et son patron, qui le roua de coups. Il alla se plaindre à la police, qui, à son tour, le battit violemment. Cet événement sera marquant dans sa vie. Un autre événement va influencer sa vie. Il a lieu chez lui, en région rurale. Lors d'un rassemblement communautaire, le magistrat du district demanda aux fermiers noirs de réduire leur nombre de têtes de bétail, particulièrement les chèvres, qui détruisaient les arbres et le sol déjà trop aride. Un homme enveloppé d'une couverture rouge se leva et dit au magistrat que celui-ci venait de déclarer la guerre, car sa requête n'était pas aussi adressée aux Blancs qui, eux, possédaient de gigantesques troupeaux. Cet homme à la couverture rouge impressionna Walter Sisulu. « J'ai compris que quelque chose ne tournait pas rond dans notre société, mais j'ai surtout compris qu'il fallait parler haut et fort face à l'injustice, peu importaient les conséquences. » Dans tous les emplois qu'il occupera par la suite, comme domestique chez des Blancs, comme balayeur, jardinier, commis, chauffeur, ouvrier dans des usines et manufactures, camelot ou plongeur dans un restaurant, il sera le fauteur de rébellion par excellence, organisant des grèves, contestant toute autorité qui manifestait des attitudes racistes ou injustes, n'acceptant aucune forme de discrimination, envers lui-même bien sûr, mais surtout envers les autres. Comme le jour où, dans un train, le contrôleur harcela une jeune fille : l'intervention de Walter pour tenter de la défendre lui valut un séjour en prison.

Walter Sisulu avait tout naturellement l'âme sociale. Dans les années trente, lorsqu'il s'établit à Soweto, il rejoignit toutes sortes d'organisations : une association de musiciens, un club social, un journal communautaire, un club de rugby et finalement, en 1940, l'ANC. Entre-temps, il s'était ouvert une petite agence immobilière, et les faibles revenus qu'il en retirait servaient surtout à financer ses activités politiques.

Puis, un jour, sa vie changea. Celle de l'Afrique du Sud aussi. C'était en 1941. Un jeune avocat en devenir entra dans son bureau. Walter Sisulu fut immédiatement impressionné par le charisme de cet homme, par son parler franc et clair, par sa vivacité d'esprit. Il s'appelait Nelson Rolihlalha Mandela. « J'ai tout de suite su que cet homme avait un immense potentiel, a dit Walter Sisulu. Je l'ai recruté sur-le-champ. Je ne sais pas pourquoi, mais je savais qu'il était notre futur. » Et comment a-t-il accepté d'avoir agi dans son ombre, par la suite, toute sa vie ? « C'était mon devoir. J'avais l'homme qu'il me fallait, dont la lutte pour la libération avait besoin. Il avait des qualités que je n'avais pas » répondait-il. Sisulu n'avait peut-être pas le charisme de Mandela, mais il détenait l'extraordinaire habileté de régler des disputes, de réunir différentes gens aux opinions divergentes, d'analyser, de prendre des décisions, de diriger. « Il était un diplomate né », dit Mandela. « Je crois que j'avais de l'initiative et du courage », m'avait presque chuchoté Walter, toujours un peu gêné de parler de lui-même et de ses qualités.

Lorsque Sisulu et Mandela se sont rencontrés, l'ANC était déjà une organisation vieillie et endormie, sans mordant. Trois ans plus tard, en 1944, elle renaquit sous leur fougue et leur détermination incroyables, et, avec Oliver Tambo (président de l'ANC de 1967 à 1991) et quelques autres, ils formèrent la Ligue de la jeunesse de l'ANC. En six ans, cette équipe du tonnerre transforma l'organisation de fond en comble et renouvela le visage de la lutte pour la libération. Ces jeunes militants pétulants se mirent à arpenter le pays ; ils recrutaient, convainquaient des gens, puis les masses, organisaient des marches, des manifestations, des protestations. « Walter Sisulu était le cerveau, le génie derrière l'ANC », ont souvent dit de lui Mandela et ses collègues.

En 1949, Walter Sisulu fut élu secrétaire général de l'ANC. Il voyagea à l'étranger, en Grande-Bretagne d'abord, puis en Roumanie, en Tchécoslovaquie, en Pologne, en URSS et en Chine, où il rencontra le dirigeant du gouvernement chinois, Chou En-Lai. « Il nous a dégrisés, a expliqué Walter Sisulu, nous a avertis que la révolution n'était pas un jeu d'enfant. Ce fut une douche froide, mais cette rencontre nous a permis de rajuster notre tir en tant que mouvement de libération. Les Chinois savaient de quoi ils parlaient ! » En rentrant au pays, il persuada ses pairs de se rallier à d'autres groupes, de joindre leurs efforts à ceux des communistes, des Indiens, des Blancs, des Afrikaners même, des syndicalistes. De tous ceux qui croyaient en « la cause ». Car sa force était de convaincre, regrouper et diriger, de savoir atténuer les différences, de canaliser les forces et les énergies, toujours avec une remarquable intégrité. « Il n'aurait jamais demandé à d'autres de faire ce qu'il n'était pas prêt à faire lui-même », dit Mandela.

Harcelé par la police et freiné par les lois racistes qui pullulaient, Walter Sisulu devra quitter la direction de l'ANC en 1954, mais continuera de poursuivre, avec vigueur, ses activités politiques, même tyrannisé par le gouvernement, emprisonné (maintes et maintes fois) ou assigné à domicile. Même réduit au silence, il parvenait à se faire entendre. En 1961, Sisulu, Mandela et d'autres, maintenant convaincus que la politique de non-violence – influence du mahatma Gandhi –, qu'avait épousée l'ANC jusqu'alors, était chose futile, ils formèrent la branche armée de l'ANC, l'Umkhonto we Sizwe, la lance de la nation. Mais les grands projets sont stoppés en 1963 : Walter Sisulu est arrêté pour de bon et condamné à la prison à vie, en 1964, avec sept autres de ses collègues, dont Mandela, qui purgeait déjà une peine de prison depuis deux ans.

Sur Robben Island, où Sisulu a passé dix-neuf de ses vingt-six années d'incarcération, entre les coups de pic et de pelle dans la carrière de chaux, il donnait des cours d'histoire aux jeunes prisonniers. « Il était une encyclopédie vivante », dit Mandela. Sisulu a lu plus de cent biographies dans sa cellule de quatre mètres carrés éclairée au néon jour et nuit; il a tenté de finir ses études universitaires, mais à cause de ses activités politiques, même – surtout – derrière les barreaux, ses privilèges d'étude lui ont été irrévocablement retirés. Il a toujours regretté de ne pas avoir obtenu un diplôme universitaire quelconque.

Pendant l'incarcération de Walter, sa femme Albertina s'occupait de tout : d'élever les huit enfants (cinq à eux, trois adoptés, un autre qu'ils adopteront beaucoup plus tard) avec son maigre salaire d'infirmière, entre ses réunions politiques, ses nombreux séjours en prison, ses assignations à domicile, ses visites, lorsqu'elle le pouvait, à Robben Island pour voir son mari, ou dans d'autres prisons aux quatre coins du pays où sa fille avait été torturée et emprisonnée, ses fils aussi, ses beaux-enfants, même un petit-fils. « Une fois, l'ANC m'a interdit de participer à un événement parce qu'il y avait déjà d'autres membres de la famille qui y étaient. Il fallait bien que quelqu'un s'occupe des enfants… », avait, un jour, raconté Albertina en riant. Certains s'étaient exilés à l'étranger, dont son fils Max, qu'elle a perdu de vue pendant vingt-six ans!

Walter et Albertina se sont rencontrés en 1941 et mariés trois ans plus tard. Dès 1946, Albertina, convaincue des nobles idéaux de son mari, rejoignit la Ligue des femmes de l'ANC et en devint plus tard une tête dirigeante. De 1964 à 1981, Albertina fut complètement isolée de la société : le *banning order* qui interdisait tout contact social la réduisit au silence; les contacts avec son mari étaient rares et difficiles. Elle tint le coup, miraculeusement presque, déchirée entre huit enfants, des barreaux, un amour… et un pays à changer. Albertina Sisulu, femme d'une énergie débordante, sera élue députée de l'ANC au parlement en 1994, à l'âge de soixante-seize ans. « Je n'aurais pas pu faire le quart de ce que j'ai fait si ça n'avait été d'Albertina », a dit Walter de sa femme, avec qui il n'aura finalement vécu que quelques années de « vie normale » de couple en près de soixante ans de mariage.

Pendant trente ans, il y a toujours eu un Sisulu en prison. À une époque, trois générations de la famille faisaient les cent pas dans des cellules. Lorsque Walter est entré au bagne, il avait huit enfants, et son plus vieux était âgé de dix-sept ans. Lorsqu'il en est sorti, en octobre 1989, il avait vingt et un petits-enfants, et le plus vieux avait vingt ans.

En 1990, à l'âge de soixante-dix-huit ans, il fut élu vice-président de l'ANC. Pendant les quatre années suivantes, dans l'ombre de Mandela et des médias, silencieux, puissant, sagace, Walter Sisulu participera activement au « miracle sud-africain », cette révolution négociée qui mettra finalement un terme à quarante-six ans d'apartheid et trois cent cinquante ans de racisme et d'oppression.

Lorsque j'avais demandé à Walter Sisulu quelle avait été la plus belle journée de sa vie, il avait répondu, avec un formidable sourire, les yeux tout pétillants, en s'étouffant tant il parlait avec enthousiasme : « Le 10 mai 1994, quand Mandela est devenu président! J'ai peine à décrire la grandeur de cette journée. Ça goûtait, ça sentait le succès. Le succès de notre révolution est aussi grand que celui de la révolution anglaise, française, russe ou chinoise. Ce fut la plus belle journée de ma vie ! »

Et si, le 10 mai 1994, Mandela était là, sur le podium, la main droite sur sa poitrine, jurant de diriger ce pays au mieux de ses habiletés, c'était beaucoup grâce à cet homme simple, rieur, chaleureux, humble. On avait beau le dévisager et le scruter, rien dans son allure et sa contenance laissait transparaître les orages et les déserts qu'il avait traversés, les épreuves et les bourrèlements qu'il avait endurés pendant sa longue vie.

Walter Sisulu est mort dans les bras de sa femme adorée. Il l'aimait! Il le disait souvent et beaucoup! Il admirait cette grande dame, qu'on a souvent qualifiée de « mère de la nation ».

Elle était sa plus fidèle et grande amie. Traumatisée d'avoir perdu l'homme de sa vie, qu'elle a marié en 1944, elle ne trouvait pas les mots pour exprimer sa douleur : juste un visage complètement, littéralement défait. Elle saluait du mieux qu'elle le pouvait toutes les personnalités du monde sud-africain qui lui rendaient visite, mais elle ne pouvait prononcer une seule parole. Même devant le président sud-africain, Thabo Mbeki – il a dit de son mari qu'il était « une incroyable force pour l'édification et la liberté, un homme qui a mérité sa place dans l'histoire du pays » –, elle n'a pu que verser des larmes. Muette.

La mort de Walter Sisulu servit de sonnette d'alarme pour les gens et les médias du monde entier : de ce groupe de Rivonia, il ne reste plus que Nelson Mandela de vivant.

« Je vais m'ennuyer de son amitié et de ses conseils. Il était le héros parmi les héros », avoue Nelson Mandela. De Walter, il dit qu'il était irréprochable, d'une intégrité prodigieuse, d'une probité inouïe. Ah si ! Nelson Mandela a quelque chose à lui reprocher : « Qu'il soit parti avant moi… »

Sans Walter Sisulu, ce pays ne serait pas ce qu'il est. *Ngyabonga,* merci, Walter.

Walter Sisulu (18 mai 1912 – 5 mai 2003)

CHAPITRE 16

Johannesburg

Sempiternelle question : « Comment faites-vous pour vivre à Johannesburg ? » Car, selon les reportages, documentaires et articles de partout, Johannesburg est une ville dangereuse où l'on risque sa vie à chaque coin de rue. La seule mention de son nom fait frissonner les gens et évoque la peur. Johannesburg a la réputation d'être une ville dangereuse, où il faut rester caché, surtout la nuit, même le jour, se promener en regardant partout ou bien en voiture, les portes fermées à clé, et même s'il fait chaud, les vitres remontées. À certains endroits de la ville, c'est avec raison, dois-je dire. À mon arrivée au début des années quatre-vingt-dix, Mandela venait de sortir de prison, la lutte pour prendre les rênes du pays était féroce, dangereuse, meurtrière. La violence politique était réelle, sortir était dangereux. Puis, après que l'ANC eut pris le pouvoir, une vague de violence criminelle a déferlé sur le pays, surtout dans les grands centres comme Johannesburg. J'aurais d'horribles histoires à raconter, comme il y en a sur toutes les métropoles du monde. Il faut en connaître le contexte.

Aujourd'hui, Johannesburg a beaucoup de charme. Le plaisir et la paix l'habitent, aussi. Les terrasses, qui n'existaient pas avant l'an 2000, ont depuis poussé comme des champignons. On y vit beaucoup dehors. Je remarque des changements concrets, comme rouler en voiture les vitres baissées en plein jour. Ou laisser son sac à main sur le siège du passager en conduisant. Et les habitants font du vélo, du jogging le matin dans la rue, dans le parc. Les centres commerciaux, les restaurants et les boutiques se multiplient. La construction est toujours un signe de croissance de l'économie. Aujourd'hui, Johannesburg est une ville ultramoderne, multiraciale et, outre quelques quartiers risqués, qui respire la tranquillité… urbaine. C'est aussi une ville verte : dix millions d'arbres, la plus grande forêt urbaine plantée par l'homme. Johannesburg est littéralement synonyme de jungle urbaine.

Un samedi soir de 2003, je découvre vraiment les changements qu'a connus cette ville lorsque je sors avec le collègue de travail de mon mari et mon ami, Jayendra Naidoo. Nous parcourons les bars et les clubs de Johannesburg, presque toute la nuit, partout, dans les quartiers autrefois bannis parce que trop dangereux. Je marche dans la rue à deux heures du matin – entre le bar et la voiture, avec un homme, oui. Avant, en voyant un couple marcher dans la rue, même à dix heures du soir, on disait qu'ils étaient fous, et en voyant quelqu'un seul, qu'il voulait se suicider. Ça s'appelait « le suicide par délégation ». Cette nuit-là, on rencontre plutôt des gens qui sortent d'un bar, entrent dans un autre, gais et détendus.

Aujourd'hui, c'est un nouveau spectacle. Jusque très tard le soir, les terrasses sont remplies de personnes de diverses origines. Il y a quelques années seulement, les Blancs ne fréquentaient pas certaines places. Des gens de partout au pays se côtoient dans les bars, les restaurants et les cafés : les trois quarts Noirs, le reste Blancs, Métis, puis Indiens. Bien sûr, il y a des endroits plus Indiens, Noirs ou Afrikaners, mais beaucoup sont tout à fait mixtes.

Ce samedi soir de 2003, je danse donc sur le toit d'un édifice avec environ deux cents personnes. Puis nous partons, Jayendra et moi, manger dans un restaurant *in* ouvert jour et nuit. Les clients sont de bonne humeur, décontractés. Ce changement concret de société qu'on peut voir et sentir n'est pas rapporté dans les journaux.

Ce qui me renverse surtout, ce sont les gens que je rencontre. L'ami de Jayendra, Steve, se joint à nous. D'une quarantaine d'années, ce Blanc est d'origine britannique. On commence à parler et je lui demande ce qu'il faisait lors de la décennie Mandela, comment il l'avait vécue. Il se rendait dans des funérailles dans les *township*s noirs pour servir de bouclier à ceux qui allaient enterrer leurs morts. La police ne tirait pas ou hésitait à tirer s'il y avait un Blanc. Il a fait cela toutes les fins de semaine, pendant quatre ans. Aujourd'hui, il aide les Noirs à gérer leur terre nouvellement acquise dans le cadre du programme de la redistribution des terres. « Quand mes enfants me demandent ce que je faisais "avant" », raconte Steve (en Afrique du Sud, il y a un avant 1994 – avant Mandela – et un après), « je leur dis que je faisais partie de l'équipe qui a aidé Mandela à sortir de prison et à le mettre au pouvoir. »

Je rencontre aussi Deepak, un Indien, la quarantaine. Son travail avant ? Fabriquer des bombes artisanales pour la branche armée de l'ANC. Il est aujourd'hui directeur dans une banque. Je ne sais pas s'il a inscrit son expérience artisanale dans son curriculum vitæ pour avoir son poste. Il me faudra lui demander…

Une autre femme, une Blanche, fait partie de notre groupe. En dansant sur la piste, elle parle de son passé, comme si elle racontait un roman qu'elle venait de lire : pendant la lutte contre l'apartheid, elle cachait des outils dans les baguettes de pain et dans les poulets – pour que les prisonniers politiques puissent s'évader. Elle aussi a fait de la prison. Ce soir-là, elle danse. Enfin, une vie normale. Johannesburg lui offre désormais cette possibilité. Son amie, elle, volait de la dynamite pour l'ANC. Elle a été faite prisonnière, mais s'est sauvée du poste de police, s'est déguisée en femme indienne, a mis du café sur sa peau, un bindi sur le front, un sari et a franchi la frontière de justesse.

Il y a tant d'histoires incroyables dans ce pays. Des histoires qui font de ce samedi soir un samedi absolument hors du commun, dans ces mêmes rues, bars et restaurants interdits alors. On s'y raconte le passé et ses tragédies. Avant d'en rire.

Un samedi soir à Jozi est fascinant, excitant. Ces gens qui prennent un autre visage quand on connaît leur histoire méritent de danser aujourd'hui, et Johannesburg est une ville où l'on peut, enfin, se laisser aller.

CHAPITRE 17

Les inventions sud-africaines

Le premier téléphone à touches, le premier répondeur téléphonique, le scannographe (CAT-scan), le Speedgun – un fusil qui mesure la vitesse des balles de tennis ou de cricket –, le premier appareil à climatisation : la liste des inventions sud-africaines est très longue, et plusieurs ont eu un profond impact sur la vie de tous les jours, en Afrique du Sud comme ailleurs dans le monde.

La ligne blanche au centre de la route a été tracée pour la première fois dans la rue Adderley, au Cap, en 1922. Les Sud-Africains étaient déjà maîtres dans l'art de la séparation : vingt-six ans plus tard, ils traçaient une épaisse ligne blanche dans leur pays en inventant l'apartheid. Le Kreepy Krauly, le Barracuda ou l'Aquanaut, des aspirateurs pour piscines, sont vendus partout dans le monde, ainsi que le Pool Cop, un système pour la piscine qui fait tout – ajoute les produits, garde l'eau au même niveau et à la même température – et pour les plongeurs sous-marins, le SharkPod sert à éloigner les requins. Une invention s'est même rendue sur la lune : Pratley's Putty, la colle utilisée pour le vaisseau spatial.

Les Sud-Africains sont un peuple d'inventeurs. Chaque mois, quatre-vingts brevets sont accordés à des Sud-Africains, et douze inventions arrivent sur le marché international. La plus récente est la machine à laver les chaussures de sport, sorte de micro-ondes qui lave et sèche les souliers et élimine toute odeur de pied… en dix minutes ! Le jeune inventeur de vingt-quatre ans, Cheslyn Swart, a reçu son brevet et, en quelques semaines seulement, a décroché des contrats sur les cinq continents !

Évidemment, pour un pays dont les sous-sols sont riches et profonds, il n'est pas surprenant d'apprendre que l'Afrique du Sud a développé la technologie pour atteindre le point le plus loin au centre de la terre : quatre kilomètres ! Et étant donné les deux océans qui le caressent férocement, on a inventé le Dolosse, une immense structure de ciment, en forme de « T », qui protège les murs des ports et des digues dans le monde entier en brisant les vagues, et qui pèse jusqu'à trente tonnes. Le *Time Magazine* a sélectionné parmi les trente meilleures inventions au monde en 2001 le Cobb braai, une sorte de barbecue portatif et polyvalent qui grille, fume, rôtit et frit, et qui ne nécessite que cinq à huit briquettes, et les foyers Jetmaster – qui peuvent brûler au bois ou au gaz…

Les transactions bancaires *via* le téléphone cellulaire, le Saswitch : un système qui permet de retirer de l'argent d'un guichet automatique qui n'appartient pas à la même banque, et une foule d'autres inventions technologiques semblables sont nées en Afrique du Sud.

Le domaine de la santé est aussi riche en création : depuis la première transplantation cardiaque effectuée par le docteur Chris Barnard, au Cap, le 3 décembre 1967, cinquante mille cœurs ont été transplantés. Le Sud-Africain Allan Cormack et l'Anglais Godfrey Hounsfield, lauréats du prix Nobel de médecine de 1979, ont développé le CAT-scan. Mais celui-ci vient d'être surpassé par le Statscan, inventé par le Sud-Africain Rodney Sandwith (2003) : il fournit des images plus rapidement (treize secondes pour le portrait intérieur complet du corps !) et à moindre coût. Cet engin a d'abord été inventé pour détecter le vol de diamants par les mineurs !

Dans le domaine du développement social, les inventions naissent et se multiplient. Les plus récentes sont l'Hippo Water Roller, pour pousser les barils d'eau au lieu de les transporter sur la tête, et le Roundabout, un tourniquet, un jeu dont les enfants raffolent : en tournant, ils pompent l'eau du village !

Les Sud-Africains sont aussi les maîtres de chefs-d'œuvre sadiques. L'apartheid est certainement une invention sadique. Selon mon correcteur *Antidote,* un sadique est « une personne qui éprouve du plaisir, qui se complaît à faire souffrir, à voir souffrir les autres ». Bien sûr, si vous demandez à ceux qui ont maintenu ce régime en place, comme Frederik De Klerk, ils nieront avec véhémence tout sadisme de leur part. Pourtant, il en fallait une dose certaine pour maintenir en place un tel système. Il fallait des moyens sadiques pour réprimer la révolte. À Pretoria, des scientifiques sud-africains – des Blancs, des « personnes civilisées » –, avaient mis au point des poisons mortels (par exemple, des t-shirts imbibés de poison) ou qui pouvaient causer des défaillances cardiaques, le cancer et la stérilité chez l'homme. Les recherches du laboratoire faisaient partie du programme militaire biologique et chimique du gouvernement de l'apartheid. On distribuait du Mandrax – un barbiturique – et autres drogues dans les *townships* noirs sud-africains, pour, dit-on, tenter de mater l'ennemi. Le plus célèbre assassin du régime de l'apartheid, le policier Eugene De Kock, a raconté comment son commandant en chef du Centre de recherche scientifique et industriel d'Afrique du Sud faisait des expériences pour développer une pilule qui transformerait les Blancs en Noirs, permettant ainsi à la « race maîtresse » d'infiltrer les rangs de l'ennemi. Eugene De Kock a plutôt suggéré d'orienter les recherches vers une pilule qui aurait l'effet contraire : rendre les Noirs blancs et ainsi, disait-il, mettre fin à tous les maux de l'Afrique du Sud.

Les Sud-Africains ont aussi raffiné d'autres inventions, comme le fil barbelé, conçu par un Américain : on l'a transformé en fil de lames de rasoir muni de petits crochets tranchants. Les compagnies d'ingénierie ont financé cette recherche et son développement, et la compagnie Éclair a électrifié ces fils. Cette « clôture de feu » (*Fence of fire*) le long de la frontière entre l'Afrique du Sud et le Mozambique a tué plus d'immigrants illégaux dans les années quatre-vingt que le nombre total de victimes durant les quelques décennies de vie du Mur de Berlin.

Le sadisme était surtout courant chez les tortionnaires. Ces désaxés ont inventé des tortures, dont je parle amplement dans mon roman *Eva :* le *tubing,* où on étouffait la victime avec la chambre à air d'un pneu ; la torture du tiroir, qui consistait à mettre les seins d'une femme ou les testicules d'un homme dans un tiroir qu'on fermait à répétition… le tortionnaire ayant un large sourire aux lèvres…

Plusieurs armes ont aussi été développées, comme le G5, une pièce d'artillerie à longue portée et utilisée partout dans le monde ; le Kasspir (une sorte de char d'assaut) dont la seule vue faisait frémir le peuple ; l'hélicoptère de guerre *Rooivalk* ; le *Cheetah jet fighter*, un avion performant créé à cause des sanctions d'armes durant l'apartheid.

Dernièrement, une femme a inventé le Rapex. Je le classe dans les inventions sadiques, parce que je ne crois pas que cet engin en polyuréthane (que la femme insère dans son vagin) apporte quelque solution que ce soit au problème du viol, et que la femme doit sûrement obtenir un certain plaisir sadique à voir l'homme qui l'a attaquée avec des espèces de crochets au bout du pénis, que seule une intervention chirurgicale pourra retirer.

Et si on inventait de la compassion pour l'Afrique ? C'est ce dont cette sacrée planète manque le plus, et pourtant, tout le monde pourrait l'inventer et s'en servir… même sans brevet.

CHAPITRE 18

Conte de fées

Pendant ces dix mois d'enfer en 2002 et 2003, entre Jay et moi, la relation est au point mort. Nous nous croisons dans le corridor, nous nous regardons rarement, et ne nous parlons que pour la nécessaire organisation requise pour gérer une maison et une famille. C'est un enfer. Un calvaire. Nous ne pouvons pas continuer ainsi.

Ce qui arrive est beaucoup de ma faute : je n'étais pas prête à redéménager si tôt en Afrique du Sud. Je n'ai pas encore assez avalé de vie québécoise. Je veux rentrer au Québec. Pour mieux revenir. C'est ce que j'ai de mieux à faire. Mais notre relation survivra-t-elle à une autre longue séparation à long terme ?

Ma décision est prise. Je retourne vivre au Québec. Comment l'annoncer à Jay ?

Dans ce choix, un facteur m'influence grandement : Léandre a choisi de faire son cégep à Montréal et il devra habiter en résidence étudiante. Je sens que de passer du temps avec mon grand fils renouerait nos liens. Après avoir vécu séparément, après le prologue de *Mon Afrique,* c'est le moment ou jamais pour moi de me défaire de la culpabilité de l'avoir « abandonné » si jeune, à quatre ans, pour partir à l'autre bout du monde. Si je déménage à Montréal, il habitera avec moi, et Kami et Shanti. Il n'aura pas besoin de vivre en résidence.

J'ai besoin de me préparer une vie professionnelle plus active ; j'ai besoin d'être avec Léandre, mes parents, mes amis ; j'ai besoin des feuilles d'automne. J'ai besoin de me retrouver. Jay, je suis perdue ! Je dois aller rebâtir mes fondations au Québec.

Un soir, j'annonce à mon mari ma décision de retourner vivre au Québec. Il tonne comme un éclair dans un ciel bleu. Il devient bleu, rouge, noir de rage ! Il exige le divorce, sur-le-champ !

C'est fini. Mon mariage avec Jay est fini. Le chapitre sud-africain de ma vie est fini. J'en ai assez. Jay aussi d'ailleurs. À quoi pensions-nous lorsque nous avons lié nos destins, trois fois même, par le mariage ? À quoi pensions-nous lorsque nous avons échangé nos vœux, en Afrique du Sud, au Québec, en Inde, en catholique, en hindou, en fous un peu naïfs ? À quoi pensions-nous lorsque nous avons fait des enfants, sans savoir comment nous leur transmettrions non seulement chacun notre culture, mais aussi une partie de notre cadre de références physique et géographique ? À quoi est-ce que je pensais lorsque j'espérais extirper de son pays Jayaseelan Naidoo, ce militant politique antiapartheid, ce passionné de l'Afrique, aux gènes indiens ? À quoi est-ce que je rêvais lorsque je suis partie à l'autre bout du monde, stylo et micro en main, laissant fils et famille derrière moi ? Un conte de fées ? Celui-ci n'a jamais été écrit. Les relations intercontinentales, celles qui réussissent, sont rares. Comment fait-on pour réussir une telle relation ? Comment puis-je garder ma famille « ensemble » ?

Il est illusoire et impossible que Jay et moi continuions ainsi, à vivre séparés par un océan. Je hais l'Atlantique. N'eût été de la distance, peut-être notre couple aurait eu une chance de survivre. Mais la commutation entre Montréal et Johannesburg n'est pas réaliste. C'est de la folie pure et simple. Il me faudrait abandonner le Québec, renoncer à mon pays, à mon territoire géographique, aux lieux qui m'ont vue grandir, à mes cadres de référence. Il me faudrait couper mes racines, les enterrer sans aucune chance de repousse ou de survie. Pour que cette relation fonctionne, l'un des deux devrait abandonner ses projets professionnels, ses attaches culturelles, ses pulsions patriotiques. Et ce ne sera pas moi. Sinon, je me dirigerais, encore une fois, tout droit vers la dépression. Je ne peux plus. J'ai encore mes deux mois passés à l'hôpital frais en tête – dont un dans un asile de fous à la *Vol au-dessus d'un nid de coucou.* Je vis encore des restants de thérapie, je prends toujours des petits bouts d'antidépresseurs. La dépression a failli me tuer. Je ne peux plus, je ne veux plus. Je suis Québécoise, pure laine, pur sang, même si je suis née en Nouvelle-Écosse, même si j'ai passé ma jeunesse à habiter dans des provinces anglophones du Canada. À mon arrivée au Québec, à l'âge de douze ans, je me suis immédiatement sentie chez moi. Enfin. Le sentiment d'appartenance à une culture est terriblement puissant.

En Afrique du Sud, et un peu partout dans le monde, j'ai rencontré une foule d'expatriés : Français, Anglais, Italiens, Espagnols, Chinois, Américains, Allemands, Camerounais, Vietnamiens, Indiens, Ivoiriens, Ghanéens. Et des Québécois. Des foules de gens qui vivaient ailleurs que dans leur pays d'origine. Tous, sauf les Québécois, n'avaient pas le mal du pays. Tous ne voulaient pas retourner chez eux. Ils étaient bien, là où ils avaient trouvé l'amour, le travail ou la famille, ou tout cela ensemble. Tous, sauf les Québécois. Les Québécois sont champions pour exprimer, étaler, pleurer, chanter leur mal du pays. Ils aiment le Québec. Ils veulent rentrer, garder un pied-à-terre, ou se retremper de temps à autre dans l'ambiance du Québec. Pourquoi ? Qu'est-ce qui fait qu'être Québécois est une délicieuse maladie incurable ? Ce fut souvent un sujet de conversation lors de repas, et les Québécois présents finissaient toujours par lever leur verre à ces racines indéracinables, en chantant, un peu enivrés « … c'est à ton tour de te laisser parler d'amour… ». J'ai même débattu de ce sujet au Salon du livre de l'Outaouais avec Maka Kotto, Camerounais d'origine, Québécois depuis quinze ans, député du Bloc québécois, poète extraordinaire, écrivain, grand penseur, comédien. Il a avoué que cette délicieuse « maladie » québécoise existait et qu'il en était atteint.

Je crois que mon mari voudrait que j'abandonne le Québec, que j'y retourne une fois de temps en temps, tous les deux ou trois ans peut-être, mais que je m'installe définitivement en Afrique du Sud. Je refuse de comprendre que Jay est impliqué dans son pays et qu'il ne peut pas le quitter.

Je n'ai pas choisi le divorce. C'est lui qui me choisit.

Je me souviens d'une maman à l'école de mes enfants à Gatineau qui, un jour, était dans tous ses états. Son mariage partait à la dérive, parce que son mari avait obtenu un poste à Québec – la ville de Québec ! – et qu'elle ne pouvait pas partir de Gatineau. « Si nous ne nous voyions que les fins de semaine, notre mariage ne survivra pas ! » Je lui ai répondu que je prendrais Gatineau-Québec n'importe quand ! Quand je lui ai expliqué que mon mari et moi vivions respectivement à Johannesburg et à Gatineau, elle m'a regardée bouche bée : « Oh ! Peut-être que Gatineau-Québec n'est pas si pire après tout » a-t-elle dit, réfléchissant tout haut, me transperçant d'un regard qui signifiait : « Comment vous faites ? » Elle y a répondu elle-même : « Ce n'est pas possible. »

Vous aviez raison, chère madame. Ce n'est pas possible.

Et les enfants ? Qu'arrivera-t-il aux enfants ? Où vivront-ils ? Vivront-ils ensemble ?

Je suis étourdie. J'ai peur. Mais je suis convaincue que je dois aller me ressourcer au Québec. Je demande à Jay de venir. Il ne peut pas, voyons ! L'autre option – le convaincre de vivre un autre deux ans séparés – semble totalement impensable. Nous convenons toutefois d'essayer de garder cette relation en vie, malgré mon départ dans quelques mois. En fait, ni Jay ni moi n'avons le courage de mettre fin à la relation. Mon conte de fées à moi, auquel je rêve, ne comporte pas de soulier de verre ou de château. Mon rêve à moi est d'avoir une vie normale.

CHAPITRE 19

Le train de vie

Il fait 0 °C ce matin, à Matatiele, dans la province du Kwazulu-Natal, à deux pas du massif du Lesotho. L'hiver austral mord. Ils sont tout de même une centaine à avoir passé la nuit dehors, assis sur des chaises, sur le quai de la vieille gare. Les plus nantis sont enveloppés dans de grosses couvertures. Les autres gèlent. Tous attendent, frigorifiés, patients. La directrice du train, elle, n'a pas bien dormi. « Quand je vois ces gens qui gèlent dehors, j'ai de la peine à fermer l'œil », dit Lillian Cingo. Parfois, la nuit, elle se lève pour leur faire de la soupe ou du thé…

À sept heures quinze, elle sort avec son micro et son incroyable chaleur humaine. Elle explique le déroulement de la journée, la procédure d'inscription, la marche à suivre et les frais à payer pour visiter une ou plusieurs des quatre cliniques – médicale, dentaire, d'optométrie, de psychologie – du train *Phelophepa*. Aussitôt le micro éteint, une armée d'infirmières et de stagiaires se fraye un chemin parmi les patients pour prendre leur tension, s'enquérir de leurs problèmes de santé et ensuite les diriger vers le wagon approprié.

Le *Phelophepa* (« parfaite santé »), seule initiative du genre au monde – il s'agit d'un programme privé, non gouvernemental –, roule depuis dix ans. Son succès surprend même celle grâce à qui tout a commencé : Lynette Coetzee, une Afrikaner, femme d'affaires féroce que certains surnomment « le général » et qui a mis ce train sur les rails quelques mois avant l'arrivée au pouvoir du gouvernement Mandela.

Forte, solide, Lynette Coetzee parle de la « guerre » qu'elle mène trente-six semaines par année et sur quinze mille kilomètres, dans trente-six villages d'Afrique du Sud, pour offrir des services à ceux qui en ont le plus besoin, dans les coins les plus reculés du pays, là où il y a seulement un médecin pour quatre mille habitants. Le train, qui s'immobilise une semaine à chaque endroit, coûte un peu plus de dix millions de dollars par an pour fonctionner. Il est financé à 62 % par Transnet, société de portefeuilles dont le seul actionnaire est le gouvernement sud-africain; le reste provient de dons, de fondations comme la Canadian Friends of the *Phelophepa* – qui a organisé une collecte en 2002 et a ainsi pu remettre cent vingt mille dollars au programme en mars dernier.

Lynette Coetzee décrit son « armée » : quinze employés permanents, qui vivent à bord du train neuf mois par année, et une quarantaine d'étudiants en médecine, en dentisterie, en optométrie, en psychologie et en restauration, qui se relaient toutes les deux semaines.

Sarelo aussi a couché dehors. Il a six ans et ne voit rien à plus de deux centimètres de ses yeux. Sa mère voulait être certaine qu'il serait examiné aujourd'hui. Si elle ne réussit pas à obtenir une place, Sarelo devra attendre deux ans avant le retour du train. Deux ans encore à marcher guidé par sa mère. Deux ans sans pouvoir aller à l'école. « Vers huit heures ou neuf heures du matin, je dois annoncer que le quota de patients est atteint », explique Lillian Cingo. Elle le fait fermement, avec un grand sourire triste. « Certains pleurent. D'autres restent à coucher dehors encore une nuit. Ça me fend le cœur. »

Lillian Cingo, une Sud-Africaine qui marchait vingt kilomètres par jour dans les années quarante pour aller à l'école, a dû s'exiler en Angleterre, à cause de sa peau noire, afin de réaliser son rêve :

devenir infirmière en neurochirurgie. Elle est aussi devenue sage-femme, psychologue et spécialiste en médecine tropicale. Elle a reçu une multitude de prix, dont quatre fois celui de « meilleure infirmière de l'année », en Afrique du Sud et en Grande-Bretagne, ainsi qu'une distinction de la reine d'Angleterre comme meilleure infirmière en neurochirurgie de Londres. Lillian Cingo a une place permanente dans le temple de la renommée de l'American Biographical Institute et a été reconnue par l'International Biographical Center, de Cambridge, en Angleterre, comme l'une des deux mille intellectuelles de premier plan du XXe siècle. « Un ange tombé du ciel », dit Lynette Coetzee, qui fait continuellement son éloge pour expliquer le succès du train.

Lynette Coetzee, elle, fait parfois peur en raison de son don particulier pour déplacer des montagnes. Comme le jour où il manquait un bout de voie ferrée pour arriver à la destination voulue. L'ingénieur ferroviaire lui dit qu'il faudrait plusieurs semaines, voire quelques mois, pour installer les nouveaux rails. « Vous avez exactement une semaine pour les poser ! » a-t-elle alors décrété, avec une telle autorité qu'une semaine plus tard, le train était exactement là où Lynette Coetzee voulait qu'il soit !

Pendant la semaine, on s'active sans relâche dans les seize wagons. La clinique dentaire voit une centaine de patients par jour. Extractions, plombages, nettoyages, on fait de tout. Ou presque. Le jeune dentiste, le Dr Leon Botha, ancien étudiant à bord du train, supervise le travail des onze stagiaires en dernière année d'études. « Je suis revenu parce que j'admire cette entreprise, qui vise à aider les gens en région rurale. J'adore ce travail ! »

Au début, il a fallu livrer une rude bataille pour obtenir des stagiaires des universités. Les chefs de départements demandaient à Lynette Coetzee pourquoi ils enverraient leurs étudiants en « vacances » pendant deux semaines. Aujourd'hui, on se bat pour faire son stage dans le *Phelophepa*. Pourquoi ? « C'est difficile à expliquer », répond Lynette Coetzee. Puis elle réfléchit tout haut : « Il y a un esprit dans le train, une âme. » La règle : traiter ces gens sans ressources, souvent analphabètes, malades, affamés parfois, orphelins, désespérés, avec le plus grand respect. « Lorsque les étudiants partent, tous disent que ce train a complètement changé leur vie », dit Lillian Cingo.

Le Dr Terence Giles, optométriste, travaille à bord du *Phelophepa* depuis huit ans. « Des étudiants de toutes les origines, de toutes les races vivent ensemble et apprennent les uns des autres, partagent leur culture et voient vraiment ce que côtoyer des gens sans ressources veut dire. C'est terriblement enrichissant ! »

Un des stagiaires, le Français Jean-Marie Hanssens, dit, tout en examinant les yeux de son patient : « Je ne suis ici que depuis une semaine et j'ai l'impression d'avoir changé le monde ! » Sam Hlogoame, aussi optométriste (il parle les onze langues officielles d'Afrique du Sud !), devait rester deux ans à bord du *Phelophepa* ; il y est depuis quatre ans. « Je ne peux pas me résoudre à partir. De voir le visage de ces gens lorsqu'ils reçoivent les soins dont ils ont besoin me remplit d'amour pour la vie, tous les jours, toutes les heures, avec chaque sourire. » Il marque une petite pause. « Je ne sais pas comment je ferai pour quitter le *Phelophepa.* »

La clinique d'optométrie examine environ cent vingt paires d'yeux par jour, parfois jusqu'à cent cinquante. Soixante-dix pour cent des patients auront besoin de lunettes. Ils ont le choix entre deux modèles, quelques couleurs. Les verres correcteurs sont fabriqués sur place, en quinze minutes. « On détecte beaucoup de cataractes. Dans ces cas-là, on remet aux patients une ordonnance pour se faire opérer à l'hôpital », explique le Dr Giles. Ainsi munis d'un bout de papier en règle, les gens sont plus confiants et entrent « armés » à l'hôpital.

Les cinq cabines de la clinique médicale ne désemplissent pas. On y traite beaucoup d'otites. Trop. « Des enfants traînent une otite depuis cinq ans », explique Magdeline Ntikinca, vice-directrice du train et chef de la clinique médicale. « Certains perdent l'ouïe, d'autres font un abcès cérébral ou une méningite. » La clinique reçoit également beaucoup de gens ayant des infections ou atteints de maladies transmises sexuellement. Des gens affaiblis par le VIH, aussi. « Personne ne repart bredouille. Si on ne peut pas les traiter, on les envoie chez un spécialiste à l'hôpital le plus près »... qui peut parfois être très loin. Toujours armés de leur précieux petit bout de papier dûment rempli par les infirmières.

Dans la clinique médicale, il n'y a pas de médecin à proprement parler. « Nous ne sommes pas une clinique curative. Nous offrons un service de soins de première ligne. Nous axons notre énergie sur la prévention », précise Lillian Cingo. Les médicaments que dispense le pharmacien sont « légers » : analgésiques, gouttes pour les yeux (pour traiter le glaucome, entre autres), médicaments contre les rhumatismes, beaucoup d'antibiotiques aussi.

La mission prioritaire est d'éduquer. Les trente-six arrêts du *Phelophepa* ne sont pas choisis au hasard. Tout est planifié longtemps d'avance, avec le ministère national de la Santé, les gouvernements provinciaux et municipaux. Le lundi matin, le wagon qui sert de bureau à Lillian Cingo est bondé. Des représentants de tous les secteurs de la collectivité viennent la rencontrer. Ensemble, ils coordonnent les visites dans les écoles, ainsi que les différents ateliers qu'on proposera aux travailleurs communautaires, aux organisations de femmes et de jeunes, à la police, aux *sangomas* (guérisseurs traditionnels), aux enseignants et aux directeurs d'école.

Les visites des écoles, où des infirmières dépisteront des problèmes d'oreille et donneront des « cours » sur les soins dentaires, sont rapidement mises sur pied. Chaque enfant reçoit une brosse à dents (certains n'en ont jamais vu !), qui restera à l'école : autrement, toute la maisonnée s'en sert, et avec la prolifération du sida... L'instituteur a la responsabilité d'assurer l'hygiène dentaire. « Nous visitons le même village tous les deux ans, raconte le dentiste Leon Botha, et dans certaines régions, les problèmes dentaires ont presque disparu. Les enseignants ont pris leur tâche au sérieux. » Dans les écoles, si des problèmes sont détectés, on fait parvenir une lettre aux parents leur suggérant fortement de profiter du passage du train pour y emmener leur enfant.

Là où le travail du *Phelophepa* devient plus délicat, c'est dans la clinique de psychologie. La psychologue Ishara Hargoon trouve son travail stimulant, mais ardu. « Nous voyons beaucoup de femmes démunies, victimes de violence, des enfants victimes d'abus eux aussi. Et avec le sida, nous recevons énormément de gens en deuil. » Lorsqu'elle diagnostique une dépression, par exemple, elle envoie la personne consulter un travailleur social ou un psychologue… quand ce service existe. Sinon, les groupes communautaires ayant suivi les ateliers ou les stagiaires des universités environnantes prennent le relais lorsque le train quitte la région. Cependant, le problème est fréquemment réglé sur place. « Le seul fait d'en parler tout haut arrange souvent les choses », dit la psychologue. Les patients repartent bardés de recommandations.

Le *Phelophepa* soigne aussi la société. Dans un village de la province du Cap-Oriental, par exemple, la majorité des enfants souffraient de bilharziose, maladie parasitaire affectant le foie, la vessie, l'intestin, les poumons et le système sanguin. Lillian Cingo a expliqué aux habitants qu'on pouvait leur donner des médicaments, mais que tout serait continuellement à recommencer si la question de l'eau n'était pas réglée. « On lavait le linge en amont de la rivière, on faisait ses besoins au centre et on buvait ou se baignait en aval », explique-t-elle. Deux ans plus tard, grâce aux conseils prodigués, il n'y avait plus un cas de bilharziose ! La collectivité a agi, et le gouvernement provincial, après la lecture des rapports du *Phelophepa,* a construit une clinique. En fait, nombre de cliniques ont été érigées à la suite d'un « diagnostic » régional du *Phelophepa*.

Depuis 1994, près d'un million de personnes sont passées par l'une ou l'autre des cliniques du train. Dans les semaines qui précèdent son arrivée, l'affluence diminue dans les cliniques locales. Et la semaine où il stationne à la gare du village, elles sont vides. Les gens préfèrent le « train miracle ». Même si le *Phelophepa* s'adresse aux plus démunis, on les fait payer. Un dollar pour une ordonnance, deux dollars pour un plombage ou l'extraction d'une ou deux dents, trois dollars pour trois dents ou plus – sauf pour les enfants : on demande un dollar pour tous les soins à faire dans leur petite bouche. Une paire de lunettes coûte six dollars. La consultation psychologique et l'examen médical sont gratuits. Pourquoi ne pas tout offrir gratuitement ? « Payer apporte le respect, tranche Lynette Coetzee. Et les gens veulent payer ! »

Les tarifs sont bas, certes, mais pour certains, c'est encore trop. « Certaines personnes épargnent pendant longtemps pour payer le transport qui les amènera au train. Arrivées ici, elles n'ont plus rien. Nous avons un fonds spécial pour ceux qui n'ont pas d'argent, mais nous ne le crions pas sur les toits », chuchote Lillian Cingo.

Les cordons de la bourse sont terriblement serrés. Lynette Coetzee ne tolère aucun gaspillage. Même l'utilisation d'un coton-tige doit être justifiée ! « Je leur demande de quel arbre, par exemple, ont été tirés les médicaments et les produits. Les stagiaires doivent apprendre à économiser les ressources. Le *Phelophepa* est géré comme une entreprise, c'est la raison pour laquelle il fonctionne. En 1994, le coût par usager était de cinquante-quatre rands (environ dix dollars). Aujourd'hui ? cinquante-quatre rands ! » dit fièrement Lynette Coetzee.

Et si Transnet décidait de ne plus financer cette entreprise ? « Jamais ! » s'exclame-t-elle. Les commanditaires se battent pour avoir leur nom sur le train : Colgate finance la clinique dentaire ; la société pharmaceutique Roche, la pharmacie ; d'autres, la clinique éducative, etc.

Les patients, qu'ils parlent zoulou, sotho, xhosa, tswana ou afrikaans, répondent tous la même chose lorsqu'on leur demande pourquoi ils apprécient tant le *Phelophepa* : « Parce que je suis traité avec respect et dignité. On prend vraiment bien soin de nous, physiquement et mentalement. Ici, je suis quelqu'un. » Ces gens, pauvres et démunis, repartent le sourire aux lèvres, le cœur léger. C'est qu'ils ont reçu, outre des médicaments, des plombages, des lunettes ou un petit bout de papier, une dose d'humanité.

CHAPITRE 20

L'épilogue enragé

Entre mon écriture d'*Eva,* ma vie de famille en ruine et l'attente du retour au Québec, je lis et relis *Mon Afrique* en anglais. La maison d'édition David Philip Publisher veut publier mon livre. Marion Boers, une Afrikaner du Cap qui a étudié le français à l'université, l'a traduit. J'ai beaucoup de difficulté à me replonger dans *Mon Afrique,* mais la version anglaise me permet de corriger de minuscules détails historiques ou factuels, importants. On me demande aussi d'écrire un épilogue et je me rends compte, aujourd'hui, en écrivant ces lignes, que cet épilogue est fortement teinté de colère.

> Ce livre fut d'abord publié au Canada en 2001, en français. À la suite de sa publication, j'ai donné un peu partout au Québec des conférences sur l'Afrique du Sud, l'Afrique, les femmes, le journalisme, sur les relations entre les pays développés et ceux en voie de développement. Les Canadiens ont faim de savoir ce qui se passe en Afrique et en Afrique du Sud en particulier. J'ai réalisé que tout le travail que j'avais accompli en tant que journaliste correspondante durant les années quatre-vingt-dix en Afrique du Sud ne fut qu'une goutte d'eau dans l'océan de gens qui veulent en apprendre plus au sujet de ce magnifique pays et de

ce continent. Les gens ont soif de connaître l'Afrique, le continent oublié, et en ont assez des nouvelles au sujet des guerres et du sang, de la violence et de la pauvreté. J'ai reçu des centaines de lettres de gens qui me remercient d'avoir écrit au sujet de l'Afrique du Sud et du « miracle » qu'a réussi ce pays, disant que des topos de soixante-dix secondes à la radio ou des articles épars dans les journaux ne suffisaient pas pour comprendre l'état réel de l'Afrique du Sud. Je n'ai jamais été si près de l'Afrique et n'ai jamais autant parlé de l'Afrique du Sud qu'au Québec après que j'ai eu écrit ce livre.

Et j'attendais et j'espérais et je priais que Jay viendrait « vivre » au Québec « pour un bout », pendant un an, pendant quelques saisons, quelques mois. Mais il n'est pas venu. J'ai passé trois ans à espérer et à attendre. Trois ans à voir mon mari dix jours tous les deux mois. Cela soumit plus tard notre vie de couple à une rude épreuve. Vers la fin, la relation se noyait, mais l'amour que nous avions l'un pour l'autre ne pouvait pas être jeté à la poubelle. J'ai dû prendre l'agonisante décision de laisser de nouveau mon fils Léandre, laisser ma mère, mon père, mes amis, mes collègues, de séparer Kami et Shanti de leur frère pour refaire mon couple. J'ai déménagé dans ma pas-si-favorite-ville-que-ça Johannesburg, en août 2002. Depuis mon retour, j'écris des articles et je fais des reportages radio pour le Canada sur l'Afrique du Sud.

En Afrique du Sud, il m'arrive d'avoir peur du crime et du viol, je suis outrée par le racisme et la corruption, et même si je reconnais que d'incroyables progrès ont été réalisés en Afrique du Sud, je prie tous les jours pour que ce « miracle politique » se traduise par un véritable miracle social et économique, où la peur ne ferait pas partie de nos vies. Mon pays me manque terriblement, mon fils et ma famille aussi. J'en suis tranquillement venue à accepter de partager ma vie entre deux continents. Il y a treize ans, je rencontrais Jay. J'espère toujours qu'il viendra habiter un jour au Québec, même s'il est « déjà marié » au pays, comme a dit Albertina Sisulu lors de notre mariage. Mais il a choisi de me marier, moi. Trois fois! Si un jour, je réussis à le voler à l'Afrique du Sud, ne soyez pas en colère. À la place, remerciez-le d'avoir dédié sa vie à son pays. Et félicitez-le d'être avec sa femme et ses enfants, de se laisser aimer par une femme qui croit en lui et en l'Afrique du Sud. Si notre relation n'est pas normale, elle est extraordinaire.

Je me leurre. C'est un mensonge. Je n'ai pas encore accepté de vivre entre deux continents. Une colère terrible me dévore, me consume. Je me réfugie dans le silence et une détermination encore plus grande de retourner au Québec... tout en sauvant mon mariage. Des amis m'ont dit que c'était trop compliqué, que je devais choisir entre le pays et le mari. D'autres qu'il me fallait essayer de comprendre Jay, qu'il ne pouvait pas venir. Et quand je dis que je veux les deux, mon pays et mon mari, on me répond toujours : « Mais comment allez-vous faire? »

Mai 2003, Jay m'annonce nonchalamment qu'il s'en va à Venise quelques jours pour une conférence.

— Quand?

— Après-demain.

— J'y vais avec toi.

Il reste silencieux quelques instants. Je profite de son hésitation.

— Nous avons besoin de parler. Que nous divorcions ou non, il faut parler. Il faut parler des enfants aussi.

Sur les canaux de Venise, sur les ponts et les places, nous nous retrouvons, main dans la main, cœur à cœur, nos têtes communiquant de nouveau. Je lui dis qu'il ne peut me reprocher ce que lui fait depuis toujours – vouloir être dans son pays. Nous venons de passer trois ans séparés. Nous savons à quoi nous attendre. Seulement un an. Je dis un an, mais je sais que c'est deux, le temps que Léandre termine le cégep. Pendant mon année au Québec, je négocierai, je le convaincrai pour la deuxième année.

Jay et moi en venons à la conclusion que le problème dans notre mariage n'est pas l'amour. De ça, il y en a tout plein, des deux côtés. Le problème, c'est l'océan Atlantique. Nous devons essayer encore une fois.

— Et si on réussit le coup, Jay ? Si on est capable de vivre une autre année séparément ?

Lorsque nous annonçons aux enfants ma décision de retourner vivre au Québec à la fin de l'année scolaire 2003, dans deux mois, Kami fige. Lui qui vient de revenir après trois ans au Québec n'est pas prêt à repartir.

Il doit faire son premier vrai apprentissage de déchirement. Car c'est à lui de choisir, cette fois-ci. Ne pas vivre avec sa sœur, son frère et sa mère, ou ne pas vivre avec son père ? La question n'est pas de savoir avec qui vivre, mais avec qui ne pas vivre.

Il choisit son père, et avant qu'il ne se sente le moindrement coupable – mais la culpabilité est très sournoise –, je lui dis que c'est juste le temps que Léandre termine son cégep, que je me fasse une vie à moi, profession exportable – et profitable – ici ; que nous nous reverrons périodiquement, aux fêtes, en mars et pendant les deux mois d'été. Je suis découragée. Mais je comprends Kami. Shanti, sept ans, que j'appelle mon velcro, ne s'est même pas posé de question : « Si maman change de planète, je change avec elle. »

Si Jay ne veut pas venir habiter au Québec, je ne peux le forcer. Mais je ne veux pas non plus être la responsable de notre séparation. Jay doit accepter le rôle qu'il y joue. C'est lui qui n'est pas encore venu habiter dans mon pays après treize ans de relation ! Que c'est compliqué ! Et que j'en ai assez de m'entendre répéter ça.

CHAPITRE 21

C'est à ton tour, cher Madiba

Durant les derniers préparatifs de mon départ d'Afrique du Sud, je reçois une invitation à un *party* d'anniversaire – celui de Nelson Mandela qui aura quatre-vingt-cinq ans. Un *party* pour les intimes : nous ne serons que mille six cents invités !

J'achète une robe et des souliers à talons aiguilles, pour respecter le code vestimentaire. Je n'ai jamais porté de tels engins, et deux heures après mon arrivée, je descends de mes échasses et demeure pieds nus pour le restant de la soirée. Même pour saluer Bill Clinton, qui me sourit en me voyant ainsi. En pénétrant dans l'immense hall, je comprends pourquoi cette soirée a demandé deux ans d'organisation. La vie de Nelson Mandela s'étale devant nous : ses goûts, ses plaisirs, ses valeurs, ses désirs, dans nos assiettes, sur les murs, sur la scène, parmi les convives. Cette fête, en juillet 2003 à Johannesburg, est une plongée discrète, mais intime dans la vie de Madiba.

Les verres de jus d'orange frais pressé, d'eau pétillante et de champagne flottent sur les dizaines de plateaux portés par des serveurs et serveuses impeccablement mis. En marchant entre les gens avec Jay, je serre la main des principaux acteurs de la lutte pour la libération du pays, mais aussi de l'apartheid. Celui qui a « libéré » Mandela, Frederik De Klerk, et le ministre des Affaires étrangères du gouvernement de l'apartheid pendant dix-sept ans,

Pik Botha, se mêlent placidement aux anciens « terroristes » que le Parti national avait emprisonnés. Les grands magnats de la finance, ceux qui avaient assuré l'essor économique de la minorité blanche, boivent tranquillement leur verre en discutant avec ceux qu'ils ont combattus, les grands syndicalistes de la lutte contre l'apartheid. Il y a du beau monde, des invités que Mandela a choisis : Bill Clinton, ancien président des États-Unis, un pays qui a fait fi des sanctions internationales et soutenu les « forces » anti-ANC, et Hillary Clinton, Desmond Tutu, Oprah Winfrey, Barbra Streisand. Tutu et Clinton rendent un vibrant hommage à cet homme, à son humilité surtout. Mandela reçoit des millions de vœux d'anniversaire de partout dans le monde et pourtant, il arrive à ce grand rassemblement humblement, saluant tous les invités sur son passage. La diversité des gens réunis pour son anniversaire révèle ses valeurs : le pouvoir du pardon et de la réconciliation, et sa passion : la paix. Les gens qui boivent, mangent et fêtent ensemble étaient, il n'y a pas si longtemps, de farouches ennemis !

Sur les longues tables, ses fruits favoris – raisins, clémentines, quelques baies – et ses fleurs préférées – la *Protea* (fleur nationale du pays), des roses, quelques autres petites fleurs simples, éparses sur une tige – se mêlent harmonieusement dans un bol comme un mini-jardin. Mandela a la passion du jardinage, et cette passion l'a toujours habité, même en prison ou lorsqu'il était président. Maintenant qu'il est devenu un « simple citoyen » (il se qualifie ainsi !), cette activité est un moment quotidien de réflexion, de « culture de la patience », dit-il. Mandela aime prendre le temps de réfléchir et il dit souvent que c'est ce qui lui manque de ses années d'incarcération : « Au moins, en prison j'avais le temps de penser ! »

Sur trois des immenses murs, de grandes banderoles de plusieurs mètres de long affichent sa vie en photos, en quelques mots bien choisis, de son enfance à Qunu, son métier d'avocat à Johannesburg, ses procès, la prison, sa libération, les élections. Sur chaque photo, il apparaît avec son incroyable sourire. Il sourit beaucoup, Mandela.

En personne, son charisme méduse. Puissant charisme, inexplicable. Ses gestes sont doux, ses paroles, sincères. Cet homme s'enquiert toujours de votre famille, de vos enfants, se souvient de leurs noms, de centaines de noms, de milliers peut-être, en tout cas, il me semble. Il a une mémoire phénoménale des détails.

Sur la carte du menu, un de ses proverbes préférés, russe, nous accueille : « Jouissez d'un déjeuner en solitaire, partagez votre dîner avec votre meilleur ami et donnez votre souper à votre ennemi. » Je reste béate à la lecture de ces mots. Je regarde Mandela, assis, sa canne posée sur le bras de sa chaise, souriant. Ce soir, il donne un souper à ses anciens ennemis.

Le menu, ses plats préférés : soupe aux lentilles en entrée, un morceau de poulet humblement arrosé d'une petite sauce à la *cap malais* avec ses épices et ses parfums qui reflètent les origines malaisiennes des Métis du Cap, deux bouts de pomme de terre, des rondelles de maïs en épi. Simple, nourrissant, évocateur. Il mangeait un épi de maïs tous les jours en prison !

Il aime écrire et parler. Des mots d'amour à ses proches, des mots durs aux siens lorsqu'on l'accusait de faire trop de compromis, des mots sévères à l'opposition lorsqu'elle n'en faisait pas assez. Il est doux avec les foules, fidèle à ses amis, honnête dans ses gestes et ses paroles, juste dans ses démarches. Sa confiance en lui-même est renversante. Aucun obstacle, aucune montagne ne l'arrête. Il surmonte les épreuves avec une extraordinaire détermination. « Il est incroyablement têtu », disent tous ceux qui le connaissent bien. Une vraie tête de cochon. Lorsqu'il est convaincu de quelque chose, impossible ou presque de le faire changer d'idée.

Il adore écouter de la musique, lire de la poésie, surtout celle racontée par des enfants. Ah ! Les enfants ! Il leur voue une vraie passion, s'entoure d'eux, les cajole comme une mère cajole son bébé. Quatre-vingt-cinq enfants, tous identiquement vêtus, sont sur scène pour chanter un hymne en son honneur. Puis, un garçon de dix ans, tout petit sur cette immense scène, son image reflétée sur les nombreux écrans de la salle, a déclamé un poème à cet homme qui a changé sa vie. Mandela l'avait remarqué dans un de ses voyages en région rurale. Ce garçonnet était aveugle, avait besoin d'une opération pour recouvrer, au moins, une partie de sa vision. Mandela a tout organisé. Et payé. Ce soir, ils se regardent dans les yeux. La vie de Nelson Mandela foisonne de telles histoires.

La musique – irlandaise, classique, traditionnelle sud-africaine – les ballets, les chants – voix de femmes, chants doux –, tous ses goûts artistiques présentés pendant la soirée nous font découvrir la sensibilité de cet homme. Mandela a l'âme tendre, trempée d'une forte conviction, d'un esprit de justice éblouissant, tranchant, non partisan, persévérant, toujours à la recherche de la flagrante vérité, celle qui est incontestable. Sa soif, sa raison de vivre. Mandela est un homme *vrai*. Et ses réalisations sont solides : des haines, des révolutions, des révoltes et des rébellions apaisées, des paix négociées, acceptées par tous, où tous sont inclus.

C'est la magie Madiba, et nous pourrions adopter cette façon d'être, dans tous les débats de la vie, des querelles de ménage aux guerres entre pays. Se laisser imbiber par l'héritage de Mandela, c'est l'appliquer : « Il faut se parler. » N'était-ce pas là la devise du Québec à un moment donné ? « On est six millions, faut se parler. » On est six milliards, faut se parler… Et écouter ceux qui ont quelque chose à dire. Aucune paix n'est durable si tous les partis ne sont pas impliqués dans la solution. D'ailleurs, les premiers mots de Mandela après les événements du 11 septembre 2001 furent : « Il faut négocier. » Négocier avec l'ennemi, avec Ben Laden et tous les autres, car comment pouvons-nous décider d'une solution si les principaux concernés ne sont pas impliqués ? Comment la solution peut-elle être durable si les principaux concernés ne l'ont pas acceptée ? Certes, ce travail extraordinaire est presque impensable, mais c'est l'attitude qui compte. Et les premiers mots de George Bush après les événements du

11 septembre 2001 furent : « Pas de négociations. » Aurait-on connu un miracle sud-africain avec un Bush ?

Mandela est à la fois aristocrate et paysan, noble et humble, simple et compliqué, patient et obstiné, doux et ferme. Il est un père de famille, il a la tendresse d'une mère, la candeur d'un enfant, le dévouement d'un ami. Et il est un fin stratège politique. Enfin, presque toujours ! Il a un jour suggéré d'accorder le droit de vote aux jeunes de quatorze ans, parce que « des gosses aussi jeunes que douze ans avaient joint les rangs du MK » (Umkonto we Sizwe, la branche armée de l'ANC). On a sévèrement critiqué Mandela pour avoir avancé cette « idée ridicule ». On a tenté d'analyser cette « grossière erreur » venant d'un si grand stratège. On pourrait avancer l'hypothèse qu'en Afrique du Sud, contrairement au Canada par exemple, ou dans un autre pays où la démocratie est établie depuis longtemps, la lutte pour la liberté a réveillé la conscientisation politique chez tous, même chez les très jeunes. Un jeune militant, Stompie Seipei, âgé de quatorze ans, fut assassiné par les membres du « Club de football » de Winnie Madikizela-Mandela[8]. Stompie n'était pas assez vieux pour voter, mais assez vieux pour se faire tuer…

La longue table à côté de la mienne regroupe une soixantaine de personnes, ses enfants, beaux-enfants, petits-enfants, arrière-petits-enfants. Le plus grand regret dans la vie de Nelson Mandela : « Ne pas avoir été plus présent auprès de mes enfants. »

Tout au long de la soirée, Mandela sourit, visiblement touché par cet hommage qu'on lui rend. L'ordre est de ne pas l'approcher. Mais je vois Graça et lui demande de lui souhaiter

---

8. À la fin des années quatre-vingt, Winnie Madikizela-Mandela s'était entourée d'un groupe d'hommes, appelé le Mandela United Football Club (qui n'a jamais disputé un match), qui régnait par la terreur et ses lois dans les rues de Soweto. Stompie Seipei fut tué parce qu'on le soupçonnait d'être un informateur pour la police.

un bon anniversaire de ma part. Comme si elle allait se souvenir de moi et de mes vœux ce soir…

À la fin de la soirée, il repart, calmement, s'appuyant sur sa canne. C'est la dernière fois que je le vois en personne.

CHAPITRE 22

Rosemont, PQ

Juillet 2003 : je quitte l'Afrique du Sud encore une fois, après dix mois d'enfer, de disputes et de pleurs. Jay est fragile. Moi, malgré tout, je me sens plus forte, même si mon mariage ne tient plus qu'à un fil. Plus forte parce que, dans ma tête, tout est clair : je suis déterminée à me bâtir une vie à moi, professionnelle et satisfaisante, à passer du temps avec Léandre et à le guider pendant son cégep, à m'imbiber d'un Québec qui me manque, de la vie avec les amis, des soirées, de la neige et de la famille. Malgré tout, je tente toujours de convaincre Jay de venir vivre au Québec. Shanti, Léandre et moi nous installons dans le quartier Rosemont à Montréal. Sans Kami. Aïe ! J'ai le cœur en miettes. Comment décrire la douleur de vivre sans son enfant ? Pourtant, des millions de femmes sud-africaines le font depuis des décennies, à cause de l'apartheid.

Je n'ai pas vécu à Montréal depuis mon premier départ en Afrique du Sud, en 1991. Je déménage dans le logement du bas de la même maison d'il y a treize ans, chez mes grands amis Louise Sarrasin et Jean Belliveau. Pendant tout mon séjour en Afrique du Sud, ils m'ont réservé une chambre chez eux. Léandre avait trois et quatre ans quand nous vivions en haut, lui, une semaine sur deux. Il vivra ses seize à dix-huit ans en bas, avec Shanti et moi. C'est désormais moi qui réserve une chambre pour Louise et Jean, qui vivent principalement à la campagne, à Saint-Adolphe-d'Howard.

Shanti va à l'école Saint-Marc de Rosemont. Nous nous rendons partout à pied dans ce quartier que j'adore. Je respire. Au fond de moi, je sais que pendant les deux ans de cégep de Léandre, mon avenir à plus long terme se décidera.

Je recommence à consulter une thérapeute, ma « Gabriela » (celle de *Mon Afrique)* du Québec, Michèle Lambin. Michèle est travailleuse sociale, thérapeute, consultante clinique, formatrice et conférencière. Elle s'intéresse particulièrement au vécu affectif des jeunes, aux relations parents-adolescents, à la gestion du stress, au développement de l'estime de soi et des capacités d'adaptation, à l'intervention de crise. Elle est engagée activement dans la prévention du suicide chez les jeunes et dans différentes autres problématiques liées à la santé mentale. Elle est aussi l'auteure de *Aider à prévenir le suicide chez les jeunes* (Éditions de l'Hôpital Sainte-Justine, 2004). Elle sait exactement comment gérer ma situation, mais surtout, comment me transmettre les outils pour pouvoir la gérer moi-même, afin que Jay et moi gardions cette relation en vie. Comme je l'ai dit dans *Mon Afrique*, je suis certaine, entièrement convaincue que, sans l'aide des différentes thérapeutes dans notre vie, Jay et moi ne serions plus ensemble.

Ironiquement, à peine arrivée au Québec, je dois repartir en Afrique du Sud pour le lancement de mon livre *Conflict of the Heart,* la version anglaise de *Mon Afrique,* qui a lieu à l'Exclusive Books (équivalent de Renaud-Bray), à Hyde Park, à Johannesburg, le 25 novembre 2003. Grâce à l'Association internationale des études québécoises et des ministères de la Culture et des Relations internationales du gouvernement du Québec, je peux payer mon billet d'avion pour me rendre à mon propre lancement de livre… Et le Haut-Commissariat du Canada paye pour les bouchées et les boissons de mon lancement.

Plus de deux cents personnes y assistent. L'invité d'honneur qui prononce un discours est Allister Sparks, journaliste chevronné et auteur de plusieurs livres sur l'Afrique du Sud. Étrangement, et sans que je m'y attende, l'essentiel de son discours porte sur ma québécitude, sur la situation particulière du Québec et sur ce que j'apporte à l'Afrique du Sud en tant qu'auteure.

Quant à mon discours, il porte sur les raisons qui m'ont poussée à écrire un livre comme *Mon Afrique,* sur l'Afrique du Sud vue par une « étrangère », mais aussi sur la situation particulière que Jay et moi vivons. Souvent, dans le milieu sud-africain, de la part d'amis même, comme notre ami Omar, on me dit que je dois déménager en Afrique du Sud, que c'est à moi de comprendre Jay, sa position, que je dois faire ce sacrifice pour notre couple et pour garder la famille réunie. Que si je ne travaille pas, ce n'est pas plus grave que ça.

Mon discours se teinte donc encore de colère envers Jay, mais aussi d'amour. Le paradoxe. J'explique que je ne suis pas madame Jay Naidoo, mais son épouse ; que Jay n'est pas monsieur Lucie Pagé, mais mon époux. Que nous avons deux personnalités bien distinctes, ce qui, dans le monde des hommes politiques et d'affaires, n'est pas toujours évident. Je leur dis qu'au Québec, un homme m'a déjà accusée d'être raciste parce que je refusais ses avances. Mais qu'en Afrique du Sud, on m'accuse d'être féministe (comme si c'était un gros méchant mot), parce que j'ai gardé mon nom en me mariant. J'ai gardé aussi mon travail et mon indépendance. Mon pays. Et je leur dis que oui, j'avais une histoire à raconter, celle qui explique, entre autres, ce que signifie être mariée à un militant antiapartheid, un syndicaliste, un ministre dans le gouvernement Mandela, de différentes couleur, race, religion et tradition. J'ajoute qu'il est possible de réussir une telle réconciliation, et que Jay et moi en sommes la preuve. Et je voulais m'entendre l'affirmer devant tous, devant Jay aussi, comme pour mettre de la pression sur notre couple afin qu'il réussisse !

Je termine mon discours en racontant – un peu à la blague, avec un grand fond de vérité – que j'ai donné le choix à Jay entre vivre au Québec et des chemises bien repassées ! Quand nous discutons des détails d'un éventuel déménagement, Jay demande toujours mi-figue, mi-raisin : « Qui va repasser mes chemises ? », très au courant pourtant que son épouse vit dans une maison où l'utilisation du fer à repasser est un libre-service. Alors, quand je lui ai donné le choix entre le Québec et des chemises repassées, il n'a pas su quoi répondre, dis-je à l'assemblée présente. Et je demande à Rosie qui est dans la foule d'arrêter de repasser ses chemises, que la tâche d'arriver à convaincre Jay de venir vivre au Québec sera ainsi peut-être plus facile.

La télévision et la presse sont aussi au lancement. Mais il ne faut pas se leurrer : cela n'a rien à voir avec moi. Ou presque. C'est parce que, dans *Mon Afrique,* je trace le portrait personnel de Jay, pas du tout connu dans le public sud-africain. Avec *Conflict of the Heart,* les lecteurs découvrent tout juste Jay, après l'avoir soutenu dans la lutte depuis plus de trente ans.

Je suis franche et affirme devant les caméras que je fais tout mon possible pour que Jay habite au Québec avec moi. Certains viennent ensuite me dire que je n'ai « pas le droit de voler » un atout comme Jay, que le pays en a besoin… Rien pour atténuer ma colère contre lui !

Je donne une douzaine d'entrevues, à la télévision, à la radio, pour des quotidiens ou des revues, avec des auditoires de plusieurs millions de téléspectateurs et d'auditeurs pour certaines émissions. Le fait que je sois Québécoise est toujours un point de discussion, étant déjà connue en Afrique du Sud comme la « Canadienne-française » ou « la Canadienne qui parle français », pas simplement comme une Canadienne.

En repartant d'Afrique du Sud, début décembre 2003, la relation entre Jay et moi est tendue mais correcte. Je reviens avec Kami qui passe un mois avec nous dans la neige. Jay vient nous rejoindre quelques semaines pendant le temps des fêtes.

Puis il repart avec notre fils reprendre sa vie de père de famille monoparentale marié. Jay ne cesse de répéter qu'il respecte ma vie au Québec, mais qu'il trouve la vie d'homme marié séparé de sa femme par un océan extrêmement difficile. Il me redit son amour pour moi, mais toujours avec une boule dans la gorge. Il ne peut pas venir habiter au Québec, il a trop de choses à accomplir dans son pays et sur le continent africain. Il est engagé à fond dans sa compagnie J & J. Il est dévoué à son rôle de président de la Banque de développement d'Afrique australe, et à tous ses autres rôles sur le plan international. Il ne peut pas vivre sa passion – aider l'Afrique à se développer – de Montréal. Et pleinement dévoué encore, il s'occupe de notre fils Kami, l'aide comme il le peut dans ses devoirs en français, l'amène au soccer, au théâtre ou en safari. Et m'écrit tous les jours ou presque, en mentionnant son mal de solitude, mais en ne s'étendant pas dessus. Jay a très hâte, lui aussi, de vivre une vie normale…

CHAPITRE 23

Zackie Achmat

Avant de quitter l'Afrique du Sud en décembre 2003, j'ai la chance de rencontrer, au Cap, Zackie Achmat. Il est facile à repérer : il porte son t-shirt « HIV Positive ». Il s'assoit à la table, sort son contenant de pilules et commande des œufs brouillés. « Il faut que je mange avant de prendre mes antibiotiques. J'ai une amygdalite. » Il prend une petite pilule blanche dans la case « samedi » et laisse l'autre de côté. « C'est mon antirétroviral pour ce soir. »

Zackie Achmat, quarante et un ans, musulman, gai, diagnostiqué séropositif en 1990, vient de commencer à prendre des antirétroviraux. Sérieusement malade, plus tôt en 2003, il a refusé de prendre ces médicaments. Même Nelson Mandela est allé le voir pour le convaincre de se soigner. « Je ne les prendrai que lorsqu'ils seront disponibles pour toute la population », lui a rétorqué Zackie. Mandela n'a pu rien dire, lui qui avait refusé plusieurs offres de libération à moins que le peuple soit libre.

Lorsque l'ANC a gagné les élections en 1994, la ministre de la Santé de l'époque, la Dre Nkosazana Zuma a introduit plusieurs lois pour lutter contre la discrimination envers les séropositifs : interdiction de les congédier, interdiction pour les compagnies d'assurance médicale de les exclure de leurs programmes. La ministre Zuma avait aussi commencé à mettre en place un programme pour empêcher la transmission du virus du sida aux bébés des femmes enceintes. « Mais elle a annulé ce programme à cause de pressions des compagnies pharmaceutiques qui voulaient empêcher la distribution de médicaments génériques », m'explique Achmat. C'est à ce moment qu'il a décidé de lutter. Après avoir fondé la Coalition des gais et lesbiennes, Achmat s'est retroussé les manches et a mis sur pied, avec d'autres, en décembre 1998, le Treatment Action Campaign (TAC) et en devint le président. Le TAC a poursuivi le gouvernement devant la Cour constitutionnelle pour cet abandon de programme. Il a gagné. Zackie Achmat a aussi fait légaliser la sodomie et a mené la bataille devant la Cour contre les compagnies pharmaceutiques. Il a tout gagné.

Puis, un jour, son monde s'est écroulé. « J'ai pleuré à chaudes larmes lorsque le président Mbeki a déclaré que le VIH ne causait pas le sida. Je n'en croyais pas mes oreilles ! » Il a entrepris alors une nouvelle lutte. Une guerre plutôt. « C'était comme dire que l'Holocauste n'a jamais existé ? » osé-je lui demander. « Pire, répond Achmat. Parce que l'Holocauste a été commis par des criminels, des nazis. Or, nos leaders ne sont pas des nazis ; ils sont issus de la lutte de libération. Le problème avec certains leaders de l'ANC, c'est qu'ils sont tout simplement stupides. » Il a publiquement accusé la nouvelle ministre de la Santé, Manto Tshabalala-Msimang, qui se rangeait du côté du président Mbeki, d'être responsable de six cents meurtres par jour, les six cents malades qui meurent du sida. « C'est grave de dire cela, admet Achmat. C'est comme dire qu'elle est une meurtrière. Empêcher les gens d'avoir accès aux antirétroviraux, c'est une violation des droits de la personne. Mais nous avons gagné ! »

À cause des sept mille membres du TAC, de ses cent dix bureaux dans tout le pays et, surtout, à cause de la pression internationale, le gouvernement sud-africain a finalement accepté de distribuer des médicaments antirétroviraux, le 19 novembre 2003. « J'ai dansé pendant une heure sans arrêt ! dit Achmat. J'étais si heureux ! »

Zackie Achmat respire la passion, dégage une énergie incroyable. Il est fidèle à l'ANC, même s'il s'est battu contre le parti qu'il a contribué à mettre au pouvoir. « Je suis un très fier membre de l'ANC ! C'est encore un bon parti, le seul qui s'est vraiment engagé à réduire la pauvreté, le chômage, le crime. C'est la raison pour laquelle je demeure membre de l'ANC, pour m'assurer que nous atteignions ces buts. » Il sourit. « Je ne suis pas un politicien, je suis un militant politique. C'est difficile et pénible parfois, mais je militerai jusqu'à ma mort. »

Sa prochaine lutte : distribuer des préservatifs dans toutes les écoles, les églises et les mosquées ! Il veut aussi transformer les cent dix bureaux du TAC en centres de campagne pour établir un système de soins de santé décent accessible à tous.

Il avale sa dernière bouchée. Il doit partir. Il s'en va enterrer un ami et collègue mort le 19 novembre, la journée où il a tant dansé. La vie de Zackie Achmat, c'est tout un trajet en montagnes russes, qui fonce dans les tabous. Il pleure et il danse, parfois dans la même journée. Mais il avance toujours. Pas surprenant que son nom ait été proposé pour le prix Nobel de la paix de 2004.

Longue vie à toi, Zackie. L'Afrique du Sud a besoin de toi.

CHAPITRE 24

Afrikaner

On me demande souvent quelle était la vie d'un homme blanc, sous l'apartheid, d'un Afrikaner convaincu d'être de race supérieure et, surtout, s'il reste encore beaucoup de ces racistes.

Quand on comprend d'où et de quoi sort l'Afrique du Sud, et que l'on voit le pays aujourd'hui, on peut très aisément dire qu'il a accompli un exploit social. Eugene De Kock est en prison pour deux cent douze ans, plus deux sentences à vie pour son rôle à Vlakplaas, là où on massacrait, tuait, brûlait comme des méchouis des militants antiapartheid. Que fait-il en prison aujourd'hui? Il étudie et se recycle en journalisme! En revanche, beaucoup, dont les médias, jugent l'Afrique du Sud avec les yeux d'un pays du Nord et de l'Ouest, en faisant fi du contexte historique, du poids abominable de l'héritage de l'apartheid. Comme me l'a déjà dit la Sud-Africaine lauréate du Nobel de littérature (1991), Nadine Gordimer, dans le cadre d'une entrevue pour le magazine *L'actualité* : « En Europe, en Amérique, on considère que le problème de l'Afrique du Sud est lié aux races et aux inégalités. Que tout a commencé en 1948, quand l'apartheid a été institutionnalisé. Or, l'Afrique du Sud a été raciste dès 1652, lorsque le premier homme de la Compagnie hollandaise des Indes orientales, Jan van Riebeeck, a mis le pied au Cap. Les lois, depuis, ont toujours été racistes, à un degré ou à un autre. Et nous devons faire face à tous ces étrangers qui demandent : "Pourquoi tout le monde n'a-t-il pas un emploi, une maison ? Où est votre démocratie ?" Eux vivent la démocratie depuis deux cents ans, cent ans, et ils sont pourtant encore aux prises avec de terribles inégalités sociales. Mais ils s'attendent à ce que nous, en moins d'une décennie, nous ayons mis en place une démocratie parfaite ! »

Aujourd'hui, les Blancs en Afrique du Sud éprouvent une compassion qu'ils n'avaient pas avant. Pas tous, évidemment. Certains Afrikaners purs et durs ne vivent que pour utiliser, un jour, leur bunker, prêt, rempli de provisions et de munitions. Décoré même. Ils vivent dans la peur et dans la xénophobie dans leur propre pays. Y aura-t-il toujours des Blancs racistes qui voudront à tout prix le pays pour eux seuls ? Y aura-t-il toujours des organisations secrètes, telles que le Klu Klux Klan ou le Parti Boerestaat (parti de l'État boer), pour perpétuer une philosophie, une idéologie exclusive, malsaine et meurtrière ? À ce sujet, je dois ouvrir une parenthèse qui nous concerne, nous, les Québécois. Et vous faire part de ma rencontre avec le leader du Parti Boerestaat, Robert Von Tonder, celui qui rêve toujours à l'apartheid, car, selon lui, c'est la seule solution possible pour cette planète. Et que Dieu le veut…

Mes collègues journalistes d'Afrique du Sud et d'ailleurs m'ont avertie que je perds mon temps, qu'il ne donne plus d'entrevue depuis longtemps.

Mais, tête de cochon que je suis, je tente ma chance quand même. Je compose le numéro que j'ai réussi à obtenir d'un collègue – il m'a bien avertie qu'il ne me l'a jamais donné…

Une voix d'homme répond.

— Je peux parler à Robert Von Tonder, le leader du parti Boerestaat, s'il vous plaît ?

— C'est moi.

— Bonjour. Mon nom est Lucie Pagé. Je suis journaliste québécoise et j'aimerais, si possible, vous rencontrer pour une entrevue.

— Journaliste québécoise ? Bien sûr ! Quand voulez-vous venir ?

Je reste bouche bée quelques secondes. J'ai préparé tout un laïus pour tenter de le convaincre. Et voilà qu'en une demi-seconde, il accepte !

Cet homme fascine. Robert Von Tonder fait partie de la frange de la droite ultraraciste d'Afrique du Sud qui rêve au paradis blanc sur terre, là où Dieu a choisi le peuple divin, les Afrikaners, ou les Boers, ces descendants néerlandais venus s'installer sur la pointe de l'Afrique australe, il y a trois cent cinquante ans. Pour Von Tonder, l'apartheid est plus qu'un régime politique. C'est une loi céleste de la nature.

Je pars avec mon caméraman, Buntu, un Xhosa. Von Tonder habite à quarante-cinq minutes en voiture de Johannesburg, sur une grande terre très facile à repérer. « Vous verrez le drapeau flotter, celui de l'État boer, de notre pays », m'a-t-il expliqué. Nous nous arrêtons au pied du drapeau. Je regarde Bantu. « T'es prêt ? » Il rit. « Qui aurait dit qu'un jour je me retrouverais chez le plus raciste des Sud-Africains ! Fonce ! On y va ! »

C'est un petit homme nerveux qui nous accueille. Il me tend la main avec ses épais doigts dodus, typique des vrais fermiers boers.

— Je suis très honorée que vous m'accordiez une entrevue, affirmé-je en lui serrant la main. J'ai entendu dire que vous n'aimez pas trop les journalistes.

— Ils ne comprennent pas. Mes propos sont rapportés de travers. Ils parlent de racisme, alors que ça n'a rien à voir. C'est du développement séparé, c'est tout. Mais vous, vous me comprenez, les Québécois ! Vous êtes bien ceux au monde qui nous comprennent ! Nous livrons le même combat : celui de la préservation de notre culture et de notre langue *via* l'indépendance.

Il n'adresse pas la parole à mon caméraman noir qui s'affaire à installer l'équipement pour l'entrevue. Il m'offre du thé, mais pas à mon caméraman. J'en offre donc à Buntu, devant Von Tonder. Il en aura… dans une tasse en émail et non dans de la belle vaisselle blanche à laquelle, moi, j'ai droit.

Robert Von Tonder répond à toutes mes questions et parle aisément de l'indépendance, de la culture et de la langue, de la notion de peuple, de Dieu, beaucoup de Dieu. Il parle de *son* peuple, le peuple choisi. Divin. Victime d'injustices historiques, des Britanniques surtout. Victime, aujourd'hui, d'incompréhension. Il est passionné du sujet. Les battements de son cœur semblent prendre toute leur signification en se livrant ainsi à « quelqu'un qui comprend ». Il gesticule, heureux. Il croit.

Je lui demande si la comparaison n'est pas un peu boiteuse, puisque les Québécois ont un territoire, contrairement aux Afrikaners qui n'ont pas de « pays », de territoire géographique. En effet, nulle part en Afrique du Sud, les Afrikaners ne sont majoritaires. Ils sont éparpillés ici et là, à certains endroits plus qu'à d'autres, mais toujours dans une mare de Noirs, d'Indiens ou de Métis. Il répond comme s'il s'agissait d'un livre de contes, où on peut effacer les mots et les pages qui ne conviennent pas. À coup de bouteur s'il le faut.

Comme dernière question, je lui demande qui est son idole. Je vois déjà le beau titre dans ma tête : « Von Tonder n'est pas raciste, mais vénère Mussolini. » Je me dis que ça fera un sacré bon papier.

— Un Sud-Africain ou sur le plan international ?

— Mort ou vivant, chinois ou zoulou, qui est votre idole ?

Et le grand sourire aux lèvres, soudain animé comme une adolescente qui touche à Brad Pitt, il lance, sans hésitation :

— René Lévesque !

Merde !

Je repars complètement déroutée. Bouleversée.

Je m'arrête à la croisée du chemin, et je regarde le drapeau, puis dis à Bantu : « Von Tonder est comme ce drapeau : il flotte dans le vide. »

Von Tonder est une exception et ne reflète pas du tout l'opinion de la majorité des Blancs en Afrique du Sud. En général, qu'ils tendent la main ou qu'ils la laissent dans leurs poches, les nouveaux Blancs d'Afrique du Sud sont en train de sortir d'un lourd passé qui a pesé sur eux plus sournoisement que les victimes du racisme. Ils s'aperçoivent aujourd'hui qu'eux aussi étaient en quelque sorte « victimes ».

Il y a un Afrikaner que j'aimerais beaucoup rencontrer, celui qui a déverrouillé la cellule de Mandela : Frederik De Klerk. On a oublié cet homme après qu'il a claqué la porte du gouvernement d'unité nationale en 1996 – lors de l'adoption de la constitution finale de l'Afrique du Sud qui ne contenait pas, hélas, la clause que De Klerk voulait avoir : un gouvernement d'unité nationale *ad vitam æternam*. Or, cette clause ne fut incluse que pour le premier mandat du gouvernement, de 1994 à 1999, pour assurer une transition saine.

L'homme qui a ouvert la porte aux plus grands changements de l'histoire contemporaine est autrement plus intéressant à rencontrer qu'un Von Tonder. Avec ce dernier, c'est presque un spectacle. De Klerk, c'est du solide et du sérieux. Tous les deux ou trois mois, j'envoie un courriel réitérant ma demande. J'espère le rencontrer en tête-à-tête, un jour. Pas pour parler des « barbecues » de Vlakplaas, car, de ça, il n'en dira rien. Il pourrait même clore l'entretien. Non, pour parler de lui, et de comment il a vécu, en tant qu'Afrikaner qui a tué le grand rêve des siens. À cause de lui, les Afrikaners n'auront jamais leur pays. Son courage et sa lucidité ont toutefois permis de libérer le plus célèbre prisonnier politique du monde, Nelson Mandela.

D'éviter une guerre civile. D'ouvrir la voie à l'émergence d'une Afrique du Sud multiraciale. Le monde lui doit beaucoup. Pourtant, on connaît bien peu Frederik De Klerk, président de la République sud-africaine aux derniers jours de l'apartheid. Qu'est devenu un tel homme après une décennie de démocratie ? Vit-il dans le pays qu'il s'attendait à voir en ouvrant la porte à la libération, à la négociation et à la démocratisation de son pays ? Une démocratisation qui peut se mesurer sur les tablettes d'épicerie du Québec !

CHAPITRE 25

Une décennie

« Il ne faut pas acheter de souliers chez Bata ni de chocolat Cadbury. Et si tout le monde fait pareil, un jour, Nelson Mandela sortira de prison », me répétait ma mère quand j'étais petite. J'étais trop jeune pour comprendre qu'en ces temps d'apartheid les entreprises en question faisaient fi de l'appel international au boycottage de l'Afrique du Sud. Je ne savais pas non plus qui était Mandela. Mais à dix ans, je me disais que, si à cause de cet homme, en prison sur une petite île à l'autre bout du monde, on m'empêchait de porter les magnifiques souliers de la vitrine, il devait être important !

Lorsque j'ai serré la main de Nelson Mandela pour la première fois, en 1990, l'année de sa libération, j'ai repensé à ces souliers dans la vitrine et à toutes ces années où l'Afrique du Sud avait tranquillement disparu de nos vies, rejetée par la Société des alcools du Québec (le premier ministre René Lévesque avait fait retirer de ses rayons tous les vins sud-africains), exclue des Jeux olympiques, de l'Organisation mondiale de la santé (OMS), de l'Organisation mondiale du commerce (OMC), de l'Unesco et d'une flopée d'autres organisations internationales…

En 1990, après quarante-deux ans de racisme institutionnalisé, l'Afrique du Sud n'était plus qu'une pieuvre estropiée. Elle avait été le paria de la planète, et la planète (enfin, ceux – pays, entreprises, personnes – qui avaient respecté le boycottage) l'avait rayée de la carte. En 1994, Nelson Mandela est devenu président après avoir négocié une révolution. Et le pays a pu redéployer ses tentacules sur le monde, devenir ou redevenir membre d'une centaine d'organisations.

« Je crois que l'ampleur de ce qui a été accompli en Afrique du Sud n'est pas justement reconnue », dit le journaliste Allister Sparks, auteur de trois livres d'analyse sur l'histoire politique de son pays. « Un règlement similaire au Moyen-Orient, écrit-il dans *Beyond the Miracle,* consisterait à regrouper Israël, la Cisjordanie et la bande de Gaza dans un seul État laïque, qui serait dirigé par un gouvernement à majorité palestinienne et dans lequel les Juifs vivraient en paix et en sécurité en tant que groupe minoritaire. Telle est l'ampleur de la réussite de l'Afrique du Sud, l'envergure de sa révolution politique. »

Nous voici, en 2004, en train de célébrer le dixième anniversaire des funérailles politiques parmi les plus importantes de l'histoire de l'humanité : celles de l'apartheid. Depuis dix ans, ce laboratoire multiracial qu'est l'Afrique du Sud est analysé, scruté, examiné, félicité, critiqué. Mais pendant qu'on ausculte son climat social, politique et économique, on ne remarque guère que le pays rafraîchit la planète sous une averse de produits, de musique et d'art.

C'est en faisant les courses avec mon fils, chez Metro, à Gatineau, que je comprends l'ampleur des retombées de cette nouvelle démocratie. De l'allée voisine, je l'entends crier à tue-tête : « Maman, maman ! » J'accours, croyant qu'il se fait enlever ! Debout, le sourire fendu jusqu'aux oreilles, il tient fièrement, à bout de bras, deux bouteilles de sauce Nandos. Comme un Québécois découvrant une boîte de sirop d'érable dans un Pick'n'Pay de Johannesburg ! Ce condiment sud-africain fait de petits piments, coté de 0 (très doux) à 10 (de la dynamite), sert à relever sauces, pâtes, plats mijotés, poulet. On en trouve dans à peu près tous les réfrigérateurs sud-africains. Dont le nôtre, nous qui vivons entre l'Afrique du Sud et le Québec depuis quatorze ans. Mon fils met une dizaine de bouteilles dans le chariot, imitant en cela mon geste lorsque je remplis mes valises, à l'autre bout du monde, avant de revenir au Québec. Ou quand je fais le plein de sirop d'érable et de confiture de bleuets de ma mère avant de repartir là-bas… « Hé ! Oh ! Plus besoin, maintenant ! » lui dis-je. Je suis aussi étonnée et réjouie que lui.

Au Québec, l'averse de produits sud-africains tient davantage de la bruine. En raison de la distance et de la culture, selon le Sud-Africain Dan O'Meara, professeur de sciences politiques à l'UQÀM. « En 1986, lorsque je suis arrivé à Montréal, je recherchais les marchands qui vendaient des fruits sud-africains, pour les dénoncer et appeler à leur boycottage, raconte-t-il. Aujourd'hui, je trouve qu'il n'y en a pas assez ! » Sauf au Canada anglais, précise-t-il, où les Sud-Africains exilés et les Britanniques d'origine, notamment, connaissent mieux les fruits venus de là-bas.

Sur les quatre cent quatre-vingt-neuf millions de dollars d'importations sud-africaines au Canada en 2002, près du tiers étaient des produits agricoles. Des fruits surtout – oranges, mandarines, pommes (Granny-Smith, entre autres), pêches, citrons, litchis, raisins (rouges et verts). Des fruits séchés, aussi, des noix… « Les produits sud-africains sont de bonne qualité, et le marché est beaucoup plus facile et ouvert qu'avant », explique Marie-Claude Bacon, porte-parole de Metro. Et avant… Au temps du boycottage ? « Durant l'apartheid, Metro a fait fi des sanctions économiques », avoue-t-elle candidement.

En écrivant ces lignes, je m'aperçois que je porte à l'annulaire l'une des richesses du pays : un diamant. Les pierres précieuses aussi ont fait fi des sanctions et des embargos…

Mon fils, une bouteille de Nandos toujours en main, se promène fièrement dans l'allée du supermarché, lorsque je l'entends s'exclamer de nouveau. « Du jus Ceres ! Pourquoi trouve-t-on du jus d'Afrique ici ? » me demande-t-il. Je simplifie les explications : « Parce que Mandela est devenu président. » La réponse le satisfait et, sans regarder le prix, il met quelques boîtes de ce produit haut de gamme dans le chariot. Je déniche aussi du jus Dewlands, là encore une nouveauté, au rayon des produits naturels.

Et que dire du jus de raisin... fermenté? Quand je suis au Québec, mes amis arrivent souvent à la maison avec une bouteille de vin sud-africain. Il y a dix ans, c'était à coup sûr un Fleur du Cap. Aujourd'hui, la SAQ propose plus de trente produits de la même origine : des vins rouges, blancs, rosés, de la crème Amarula – propre à l'Afrique du Sud, l'équivalent du Baileys en Irlande – et des vins de dessert. « Les ventes de vin de ce pays sont passées de huit millions de dollars en 2001 et 2002 à plus de quinze millions en 2003 et 2004, une hausse de 88 % », précise Nadia Goyer, de la SAQ. En outre, on peut se réjouir de savoir, lorsqu'on sirote ces délices, que de plus en plus de Noirs (pas encore assez, il est vrai, mais il y en a, j'en ai rencontré) exploitent aujourd'hui des vignobles.

L'Afrique du Sud n'exporte pas que de la nourriture. Elle fait également partager au reste du monde sa douzième langue, officieuse celle-là (le pays en compte onze officielles), mais peut-être la plus importante : la musique! « Sans la musique, croit l'archevêque Desmond Tutu, prix Nobel de la paix en 1984, la lutte pour la libération en Afrique du Sud aurait été beaucoup plus longue, beaucoup plus sanglante et n'aurait peut-être jamais abouti. »

Nelson Mandela, prix Nobel de la paix en 1993, m'a déjà raconté que la musique avait été déterminante dans la lutte, dans sa vie : « Elle nous aidait à garder le moral, nous aidait à accomplir nos travaux forcés dans la carrière de chaux [sur Robben Island]. Les chants et la musique ont joué un rôle crucial dans la libération du pays. » Le chant, considéré comme « une arme de guerre », était parfois illégal et pouvait mener à la prison. « Même en prison, se souvient Nelson Mandela, quand les geôliers se sont aperçus que le chant allégeait en quelque sorte notre travail, ils l'ont interdit. »

Chez les disquaires québécois, il y a dix ans, le choix de musique sud-africaine était limité : Ladysmith Black Mambazo, Johnny Clegg, Hugh Masekela, Myriam Makeba, Abdullah Ibrahim et la Montréalaise d'adoption Lorraine Klaasen – dont la mère, Thandi Klaasen, est une des voix de jazz favorites de Nelson Mandela. Dix ans plus tard, j'ai répertorié plus de quarante artistes sud-africains, sans compter d'innombrables compilations - parmi lesquelles *South African Freedom Song – Inspiration for Liberation,* que j'ai réalisée et produite en 2000. « Depuis quelques années, m'a dit un autre jeune vendeur de disques, l'explosion du nombre d'artistes sud-africains est telle que nous avons cessé de les classer simplement à la lettre « A » et nous avons créé des sous-sections à leur nom. » Libérés du poids de la lutte, les Busi Mhlongo, Vusi Mahlasela, African Jazz Pioneer, Sipho Gumede, Sibongile Khumalo (sublime !), Bayete, Jabu Khanyile et tant d'autres créent désormais pour le plaisir. « Depuis dix, douze ans, les Québécois sont beaucoup plus ouverts à la musique du monde en général, pas seulement à celle de l'Afrique du Sud », fait remarquer Gilles Boisclair, disquaire chez Archambault, à Montréal.

Quiconque est déjà allé dans la patrie de Mandela peut aussi retrouver au Québec l'art typique de ce pays : bougies, cadres, cannes de marche, colliers, corbeilles à pain, couverts, statuettes, masques, œufs d'autruche, plats, porte-clefs, sculptures... Quelle ne fut pas ma surprise de voir des girafes en bois de Johannesburg dans un magasin de Gatineau !

J'ai aussi vu dans les journaux québécois des publicités pour un spectacle de danse *Gumboot*, où la musique est faite en tapant sur les bottes de pluie qui sont aussi munies de clochettes, le concert d'un musicien, une pièce de théâtre (au Centre national des arts, à Ottawa), un film, toutes des productions sud-africaines. Et le 30 juin 2004, le vingt-cinquième Festival international de jazz de Montréal a souligné les dix ans de la fin de l'apartheid avec Johnny Clegg et Ladysmith Black Mambazo. « Ce sera la première fois que je donnerai un spectacle à Montréal depuis que Mandela est devenu président », m'a dit Johnny Clegg. La scène musicale a-t-elle beaucoup changé depuis l'arrivée de la démocratie ? « Oui ! répond-il. Les Afrikaners écoutent maintenant ma musique ! »

Le pays lui-même attire : « Le nombre de touristes y a presque doublé entre 1994 (3,9 millions) et 2002 (6,4 millions), dit Peter Janssen, directeur de la Chambre de commerce d'Afrique australe de Montréal. C'est la première destination africaine et la vingt-cinquième au monde », précise-t-il. Sur les vingt-deux mille touristes canadiens qui s'y sont rendus en 2002, 16 % venaient du Québec.

Alors que je fais mes courses avec ma fille de neuf ans dans un IGA du quartier Rosemont à Montréal, elle demande des oranges, des mandarines ou des clémentines. Il y en avait de la Floride, de la Californie, de l'Espagne et de l'Afrique du Sud. J'ai choisi ces dernières. « Pourquoi, maman ? » m'a-t-elle demandé. « Parce que si tout le monde fait pareil, peut-être qu'un jour l'Afrique entière sortira de sa "prison" et fera pleinement partie du village planétaire. »

CHAPITRE 26

L'amour à nu

Notre mariage fascine pour toutes sortes de raisons, à commencer par ces longues périodes de séparation que Jay et moi vivons. Les enfants comprennent mieux la situation que quiconque. Shanti et Léandre au Québec, et Kami à l'autre bout du monde répètent toujours à leurs amis qui leur posent aussi des questions à notre sujet que leurs parents ne sont pas séparés, même s'ils vivent chacun à un bout de la planète. Par contre, la distance est en train d'envenimer notre mariage. Nous avons passé les premiers mois de cette nouvelle séparation à recoller les pots cassés. Chaque fois que nous nous voyons, c'est-à-dire environ une semaine tous les deux ou trois mois, nous parlons beaucoup, nous nous aimons, nous nous disons que nous pouvons réussir cette autre longue séparation. Quelques semaines après le départ de Jay, quelques jours même parfois, de séparation, de communication par courriels, par clavardage ou d'appels téléphoniques, la relation se défait peu à peu. Je me demande vraiment comment réussissent les millions de couples noirs sud-africains, tels que Rosie et son mari John. Ils ne se voient qu'une fois toutes les quatre à six semaines, Rosie habitant la petite chambre chez nous, et John, chez ses employeurs. Un scénario courant pour beaucoup de couples africains. C'est d'ailleurs dans ces histoires que je puise le courage et la volonté de vivre ma séparation avec Jay. Comment y arrivent-ils, eux ? Et pourquoi ne serions-nous pas capables, nous ? Les Noirs ont été forcés, et le sont encore, de vivre sans leur famille, les domestiques surtout, parce que l'apartheid a ainsi dessiné la vie. Il faudra une ou deux générations avant qu'un couple africain vive sous le même toit, pour que ce soit la norme et non l'exception.

Mais, pour Jay et moi, ça ne marche pas ainsi. Après un merveilleux temps des fêtes en décembre 2003, passé tous les cinq ensemble, mon couple prend le chemin du gouffre. J'annonce à Jay que je resterai au Québec jusqu'à la fin du cégep de Léandre, soit jusqu'en juin 2005, en enchaînant tout de suite sur mon engagement à revenir vivre dans son pays, même si je trouve injuste que lui ne soit pas venu encore, après presque quatorze ans de vie « commune ». Je lui dis que je ne vivrai en Afrique que lorsque cela me tentera, que je le voudrai, pas parce que je me sentirai forcée.

Jay a peur. Il ne me croit pas capable de vivre en Afrique du Sud, heureuse. Parfois, il veut tout abandonner. Je le comprends. Et puis, un jour, il arrête de répondre à mes courriels et ne me rappelle pas. Je marche de long en large dans ma chambre de Montréal pendant presque toute la nuit. Aux petites heures du matin, je lui écris une longue lettre.

4 février 2004
Mon très cher Jay,

Je suis vraiment perplexe face à ce qui arrive. Je ne sais trop quel sens y donner. Ce silence entre nous me tue. Je ne crois pas que couper la communication entre nous pour régler nos problèmes soit une sage attitude.

Quand tu étais ici, il y a quelques semaines, nous étions si près, si optimistes, si positifs au sujet de notre futur. Et tout d'un coup, voilà que tu me donnes un ultimatum, chose que je n'ai jamais faite depuis treize ans avec toi. Je t'ai écouté, respecté, et soutenu dans tes besoins que tu m'as fréquemment décrits. J'ai souvent parlé de mes responsabilités, particulièrement en tant que mère. Je dois te parler maintenant de mes besoins aussi, mes vrais besoins, pas le loyer ou l'épicerie, et tout le reste.

J'ai besoin d'être ici, dans ce pays, en ce moment, avec ma famille, mes amis, et surtout avec mon fils. Il est hors de question que je mette Léandre en pension. Lorsqu'il aura dix-huit ans, il pourra aller vivre seul, mais jusque-là, j'ai la responsabilité, en tant que mère, de prendre soin de lui, de l'encadrer, de l'éduquer, de l'aimer. Le devoir et le droit et le besoin, tous mêlés en une personne. J'en ai besoin et je veux être avec lui. Je veux consolider notre relation. Mon contact avec Léandre n'était pas très bon pendant ses dernières années au secondaire. J'ai besoin de rebâtir notre relation, de recréer la chaleur qui existait entre nous. Léandre n'a pas eu la vie facile à cause de mes décisions. Il grandit bien. Nous nous redécouvrons, et cela me fait un bien immense. Hier soir, nous avons eu une conversation très stimulante. Nous n'aurions pas pu l'avoir si nous nous visitions une fois de temps en temps. Depuis cinq ans, nous ne vivons pas ensemble. J'ai encore des choses à lui offrir. Il a toujours des choses à m'offrir. À travers la routine et la vie de tous les jours, nous nous redécouvrons. Hier soir, il est revenu à la maison et m'a montré un journal qu'il achète et qu'il aime beaucoup lire. C'est un mensuel qui s'appelle Couac. *Un journal très de gauche, un peu révolutionnaire sur les bords, avec des articles critiquant la bêtise et la stupidité humaines, anti-Bush, anti-guerre, proenvironnement. Tu vois le genre. Il m'a demandé de lire certains articles parce qu'il voulait tester ses opinions, partager des idées et ses croyances. J'ai été très surprise, touchée et terriblement impressionnée par son intellect, mais aussi par son besoin que je sois là pour lui, et avec lui. Il m'a confié qu'il était membre d'un mouvement pour la sauvegarde de l'environnement. Il est chargé de donner des contraventions (symboliques) de quarante-cinq dollars aux gens qui arrivent au cégep seuls dans leur voiture. Ils sont libres de verser le montant dans la caisse du mouvement. « Ils doivent payer pour polluer l'environnement, a dit Léandre d'un ton convaincu et déterminé. Nous encourageons le covoiturage ou le transport en commun. » Je suis restée ébahie et fascinée par son implication dans ce mouvement. Et si heureuse. Heureuse pour lui, parce qu'il est heureux dans cette implication sociale.*

Relis le prologue de mon livre. Je ne peux pas refaire cela, même s'il n'a plus quatre ans. Je n'ai pas fini de vivre avec lui ce que je dois vivre, en tant que mère. J'ai besoin d'être avec mon fils, de le sentir près.

Si je pars tout de suite, je le regretterai pour le restant de ma vie. J'arriverai en Afrique du Sud frustrée, malheureuse et amère. Je veux et j'ai besoin d'être avec Léandre jusqu'à sa majorité. Encore un an. Peut-être seules les mères peuvent-elles comprendre ce sentiment, je ne le sais pas. Peut-être est-ce une façon, un besoin pour moi de « payer » pour les conséquences des choix que j'ai faits tôt dans sa vie ? De l'amener dans la vie adulte me procure un sentiment d'épanouissement dont j'ai besoin, un sentiment de fierté aussi.

Un autre aspect concernant Léandre est Shanti. C'est la première fois depuis cinq ans qu'ils vivent ensemble. Elle était toute petite lorsqu'il est parti. La relation qui se forge entre les deux est là pour la vie. Lorsque Léandre entre à la maison, il me dit bonjour si je suis là, mais ne me cherche pas tout de suite s'il ne me voit pas. Il enlève ses bottes et part immédiatement à la recherche de Shanti avant de faire quoi que ce soit. Toujours, tous les soirs. Ils se chamaillent, se chatouillent et rient, et ensuite seulement descend-il à sa chambre pour faire ses devoirs. Il remonte plus tard, va voir sa sœur, la cajole, rit avec elle, ils parlent, et il va l'aider dans ses devoirs parfois, ses tables de multiplication par exemple. Ils sont en train de bâtir un fondement à leur relation. À cause de notre situation particulière, toi étant à l'autre bout du monde, il est important pour moi que mes enfants établissent entre eux une relation durable et profonde. Léandre et Kami ont vécu cette situation plus que Shanti et Léandre, parce que Kami est plus vieux. Ça fait du bien à Shanti, ça fait du bien à Léandre et ça me fait du bien. C'est important pour moi. C'est un aspect très positif de notre situation. Quand nous serons partis de ce monde, ils auront ce lien entre eux. C'est pour toutes ces raisons que je veux être ici. J'ai besoin d'accompagner Léandre jusqu'à sa majorité. Nous y sommes presque, mais le petit bout de chemin qui reste est crucial à quelques mois de se laisser.

Comme j'aimerais que Kami soit ici aussi ! Je comprends et respecte le fait qu'il veuille rester avec toi. Mais nous avons besoin de communiquer davantage avec lui. Peut-être pourrais-tu l'encourager à écrire une fois par semaine ? Tu devrais aussi écrire à Shanti plus souvent. Elle adorerait cela. Nous devons trouver et utiliser tous les moyens pour garder nos différentes relations en vie. De mon côté, je vais aussi encourager Shanti et Léandre à écrire à Kami. Parfois, Kami doit trouver difficile de ne pas être avec son frère et sa sœur, sans compter sa mère.

Je suis ici surtout pour Léandre, mais pas juste pour ça. J'ai une autre raison majeure et cruciale de vivre ici : j'ai besoin de me construire une carrière, comme toi. J'ai comme toi besoin d'accomplissement et de succès. J'ai profondément besoin de m'accomplir professionnellement. J'ai passé six ans de ma vie enceinte et à allaiter. J'ai passé dix-sept ans de ma vie à éduquer des enfants. J'en suis heureuse, mais cela ne figure pas dans un CV. J'ai besoin de défis intellectuels et professionnels. Je ne peux pas retourner vivre en Afrique du Sud les mains vides. Je veux me bâtir une carrière durable et solide. Je me sens très forte et positive vis-à-vis de cela. J'ai toutes sortes de gens à rencontrer, d'idées et de sujets à développer et à tenter de vendre. Non pas pour l'argent, mais pour me construire une carrière, un avenir professionnel. Je dois préparer longtemps d'avance ce projet et tu es le premier à savoir que ce genre de travail requiert et du temps et de la persévérance. Les piliers que je dois bâtir doivent être en ciment et en briques, et non en carton et en paille. Cela t'a pris beaucoup de temps et d'énergie (et t'en prend encore beaucoup) pour bâtir ta compagnie J & J et toutes tes activités en Afrique du Sud et ailleurs dans le monde. J'ai autant de droits, de désirs et de besoins que toi, dans ce domaine. Tout en étant femme, mère et épouse. Et très humblement, je dois dire qu'à cause de cela, les obstacles sont plus nombreux. Si je reviens sans avoir construit de piliers à ma carrière, je vais m'effondrer encore une fois, et je ne veux pas cela. Je dois me sentir forte et avoir un projet de carrière à moyen terme. Il reste en fait très peu de temps à construire tout ceci avant de retourner vivre dans ton pays. Je t'ai toujours soutenu dans tes projets, et à présent j'ai besoin de ton soutien dans les miens. Et aussi de ta compréhension.

Tu m'as toujours accordé ton appui, mais je te demande de persévérer, de me comprendre et de me laisser construire une carrière exportable en Afrique du Sud. J'ai déjà quarante-deux ans et je n'ai toujours pas d'actifs. Je ne peux pas continuer ainsi. Je dois me transformer en buffle pour foncer. Je suis déterminée à y arriver.

J'ai aussi besoin d'être ici en 2004 pour finir mon roman qui est presque achevé. Je dois ensuite en faire la promotion et effectuer la tournée des salons du livre. Cela m'aidera sûrement à déblayer le terrain pour avoir un gros projet d'écriture pour mon retour en Afrique du Sud.

J'aime profondément ton pays, mais vivre en Afrique du Sud représente pour moi une adaptation constante, loin de tout ce que je connais, de tout ce qui m'entourait lorsque j'ai grandi. Loin de mes amis, de ma famille, de mes parents, de ma mère que je vois maintenant beaucoup plus souvent et qui apprécie et savoure, elle aussi, chaque moment avec Shanti. Nous jouissons de chaque minute passée ensemble. Je suis actuellement dans un travail de ressourcement, de recherche de ma niche et de resserrement de liens avec des amis et de la famille. Je me cherche.

Ce dont j'aurais le plus besoin, c'est de vivre avec toi au Québec, tu le sais ; d'avoir une vie de famille normale, une vie que je n'ai jamais connue depuis notre rencontre. J'accepte très difficilement que tu ne sois pas encore venu vivre au Québec. C'est crucial dans l'équilibre de notre couple, je crois. Dans le fin fond de mes tripes, je trouve cette situation très injuste, mais ma tête me dit de raisonner. Je dois me dire mille fois par jour que je dois accepter et respecter ta décision. Tout ce que je te demande, c'est de te mettre à ma place, ne serait-ce que cinq minutes, en tant qu'autre membre de ce couple. Ou de relire mon livre afin que tu puisses vraiment comprendre, non pas en cherchant des fautes de grammaire ou d'histoire, comme la dernière fois, mais en lisant mes émotions et mes cris du cœur pour la justice. N'est-ce pas la plus grande preuve d'amour que je sois encore là, même si tu n'as pas tenu ta promesse de venir partager ta vie avec la mienne, ici au Québec ? De partager la petite vie, la routine, le pays de ta femme, une des cultures de tes enfants ? Je t'aime profondément, de tout mon cœur. Et je suis extrêmement ravie que tu prennes tes cours de français si au sérieux ;

que tu plonges dans notre langue ainsi me touche beaucoup. Léandre, Shanti, ma famille, les amis qui t'aiment et moi sommes tous si fiers que tu fasses ce magnifique effort pour apprendre notre si belle langue.

J'ai vécu d'énormes stress depuis quelques semaines, beaucoup étant financiers. Je n'ai aucun revenu, et les quelques contrats à la pige paient à peine mon encre pour mon imprimante et mon papier. Je sais que mon stress t'a affecté, et je vais tenter de mieux le gérer dans le futur. Tu es la personne la plus près de moi. Si je t'ai fait mal avec quelque chose que j'ai fait ou dit, j'en suis profondément désolée. Je chéris notre relation plus que tout au monde. Je t'aime, et parfois tu me manques tant que ça me fait mal, juste là, en plein cœur du thorax. Je t'appelle, je pense à toi et j'ai besoin de toi. Je prie tous les dieux et déesses que je connais afin que nous puissions trouver une façon de vivre cette séparation, ensemble, sur le même chemin, que nous traversions les obstacles avec optimisme et soutien de part et d'autre. Dans le passé, nous avions l'aide de thérapeutes pour nous aider à traverser les périodes difficiles. Peut-être devrions-nous considérer de nouveau ce moyen pour nous aider. Nous avons une situation exceptionnellement difficile à gérer, différents continents, saisons, périodes de vacances, des distances incommensurables à parcourir pour nous voir, nombre de divers besoins, et beaucoup d'amour. Nous sommes un modèle de réconciliation. Mais j'ai besoin de faire les choses de la bonne façon, de bien me préparer, pour revenir en Afrique du Sud forte, positive, en santé physique et mentale. Les enfants ont besoin d'une mère épanouie et forte, et toi, tu as besoin d'une épouse pleine d'entrain et solide. Croyons en chacun de nous et en notre couple. Je crois en toi. Je crois en nous. Je crois en notre famille. Nous devons impérativement trouver les ressources qui nous permettront de continuer notre long voyage ensemble. Et, crois-moi lorsque je te dis que je veux retourner vivre en Afrique du Sud, avec toi et deux de nos enfants. Ce n'est pas une phrase dite à la légère, mais une vraie promesse. De grâce, n'abandonne pas cette lutte, cette partie du trajet que nous faisons ensemble.

Prends soin de toi, mon beau chéri. Crois en la vie. Si Dieu, ou le destin, ou la vie, nous a donné ces défis, c'est parce que nous pouvons les relever. Nous ne pouvons pas abandonner. L'échec n'est pas une option. Ce serait la plus grave erreur que nous puissions faire, le plus important échec de notre vie. Cela prend beaucoup de courage pour échouer ainsi ; tout ce que notre situation requiert, c'est d'y croire, d'avoir la foi dans notre capacité à relever ce défi et à parvenir à un réel succès, un des plus beaux succès de couple, de réconciliation de cultures, de pays et de défis possibles. Et ce sera le plus beau cadeau que nous puissions offrir à nos enfants.

De vivre avec ton silence me fait énormément souffrir. Je te respecte, mais je te supplie de ne pas emprunter la voix du silence. L'histoire de ton pays et vos réussites comme nation sont la preuve que la communication est le chemin du succès.

Nous sommes ensemble dans ce bateau, ou pas du tout. Nous avons choisi de vivre une relation internationale. Tu as choisi de marier une femme parfois forte, très indépendante, persévérante et déterminée, avec des besoins intellectuels et professionnels. Tu as choisi de marier une Québécoise, à l'autre bout du monde. Il est temps, maintenant, d'assumer ces choix.

Je m'en vais allumer une chandelle. Je ferme les yeux et je prie pour que nous trouvions le courage et la force nécessaires pour croire en nous. Nous serons un exemple pour beaucoup d'autres.

Je t'aime profondément
Lucie xxx

CHAPITRE 27

Réconciliation

5 février 2004

Allô ma chérie,

J'arrive au bureau après des réunions à la DBSA [Banque de développement d'Afrique australe]. J'espérais avoir un courriel de toi. Je suis fou de joie de voir une approche si positive de ta part. Je ne peux pas écrire pour l'instant et répondre adéquatement à ton écriture si profonde sauf pour dire que tu es la personne que j'aime et que je veux dans ma vie. J'ai faim de t'avoir dans mes bras et d'être réuni comme une famille. C'est ce que je chéris le plus au monde. Je voulais que tu trouves une confiance en toi pour dessiner ta propre voie et franchir les obstacles que tu y rencontreras. C'est la vie, et nous faisons tous face à des déceptions et des frustrations. Le défi est de ne pas plier. Une des façons de surmonter les obstacles de la vie est de n'avoir ni remords, ni vengeance, ni arrogance, mais de l'amour et de la volonté. Comme pour ton travail et tes nombreux succès. Il faut que tu apprennes à voir tes succès, et pas que tes échecs. Tout le monde a des échecs, et il faut apprendre de ceux-ci. Il y a une leçon de vie, chaque minute de la journée. Tu es un succès. Mais n'en prends pas plus que tu peux gérer. Parce que cela mène à du stress, à de la tension et à un sentiment d'impuissance. Alors, si ta cible, c'est ton livre et le Festival de jazz, n'en prends pas plus.

Je suis si content au sujet de Léandre, surtout concernant sa conscience. J'aimerais tant avoir ces discussions avec lui. Je vais lui envoyer des livres qui pourraient l'intéresser. Et je vais communiquer avec lui et Shanti par courriel. Je suis en train de réorganiser les ordinateurs et les connections Internet dans la maison et, dans les prochaines semaines, Kami aura son propre ordinateur branché à Internet.

Ne t'inquiète pas pour les finances. Je vais t'envoyer de l'argent et prends ma carte de crédit pour faire l'épicerie. Nous allons devoir nous asseoir et planifier nos finances plus adéquatement.

Merci pour tes profondes pensées et considérations que tu as mises dans ta lettre. J'étais, de toute évidence, moi aussi très stressé par tous les défis auxquels je dois faire face ici. J'éprouvais un sentiment d'impuissance de ne pas pouvoir t'aider, à l'autre bout. Cela est très stressant, très démoralisant aussi de ne pas avoir quelqu'un à tenir, à qui se confier et avec qui partager mes journées. C'est extrêmement difficile, et nous devons être réalistes à ce sujet. Il est si facile de tomber dans la désillusion. Je crois que, dans les dernières semaines, je suis tombé dans le gouffre du désillusionnement et je fus soudain écrasé, découragé et écœuré même d'entretenir une relation intercontinentale.

Je me sens beaucoup mieux maintenant que nous avons rétabli le contact. Je te remercie profondément pour ta tendresse et ton amour qui émanent de ta lettre. Cela m'a donné du courage pour continuer ce qui semble parfois être un défi impossible.

Je te souhaite une superbe journée, mon amour.

Bye Sweetie pie
XXXXXXXXXXXXXX Jay

Des lettres comme celles-ci, il y en a des dizaines, des centaines, des milliers peut-être, entre Jay et moi, assez pour tapisser un terrain de soccer.

CHAPITRE 28

Le Zoulou blanc

Le Festival international de jazz de Montréal va fêter son vingt-cinquième anniversaire à l'été 2004. Luc Châtelain et Pierre Touchette, de l'équipe Spectra, m'appellent. Puis-je organiser le spectacle d'ouverture ? Car on veut combiner l'anniversaire du festival avec le dixième anniversaire de la fin de l'apartheid en Afrique du Sud. Au programme, il y aura Johnny Clegg, Ladysmith Black Mambazo et Lorraine Klaasen.

Johnny Clegg, qu'on appelle le Zoulou blanc, est né en Angleterre, a vécu bébé en Rhodésie et ensuite, à partir de l'âge de deux ans et demi, en Afrique du Sud. Mais il est Sud-Africain pure laine. Johnny a défié toutes les lois pour créer, jouer et chanter sa musique. Sa musique et ses mots furent une puissante force de ralliement dans le monde. Dans son pays, sa musique était bannie. Ailleurs, elle triomphait.

J'ai vu un spectacle de lui à Johannesburg où sa musique a évoqué une mémoire du pays, une histoire : il chantait l'Histoire pour ne jamais l'oublier. Ce soir-là de 2003, à Johannesburg, il est en pleine forme. À vingt heures précises, dans la salle du Civic Theatre, les mille sièges occupés, les lumières s'éteignent. On n'entend que sa voix. Johnny parle des débuts de sa musique. Puis, une vidéo est projetée sur un immense écran derrière la scène. Nous sommes dans la musique, et les Zoulous, dans la poussière, la pauvreté chantante de l'Afrique du Sud. Des membres de son groupe parlent de leur histoire, de comment tout a commencé et dans quelles conditions. Dans la vidéo, Johnny aussi nous parle, comme en entrevue avec lui-même. Après dix minutes, il arrive sur scène, avec son charisme naturel, et continue son histoire. Il parle de sa rencontre avec Sipho, son complice, son collègue. Sipho était jardinier chez un Blanc à Joburg. Leurs guitares se sont d'abord rencontrées. Et puis eux. Il dit qu'il a invité Sipho à venir prendre un thé chez lui. Puis, dans une synchronisation efficace et impeccable, Sipho apparaît sur l'immense écran derrière lui et répond : « C'était pas mal louche qu'un Blanc me demande de venir prendre le thé. » La vidéo et Clegg se renvoient la balle ainsi, pendant encore dix minutes. C'est génial, drôle et nostalgique. Le spectacle est divisé en quatre parties, pour parler des quatre personnes qui ont changé, façonné, formé sa vie. Pendant trois heures, il raconte comment il est devenu Johnny Clegg, ce qui fait partie de lui, comment il a vu en la musique une réponse, une solution, une arme aussi dans cette lutte contre l'apartheid, contre l'injustice. La première partie est dédiée à Sipho. Clegg parle de lui pendant vingt minutes, et son ami devient une légende. Puis Sipho arrive sur scène. En le voyant, la salle réagit. L'histoire que Clegg vient de nous raconter n'est pas un conte mais la réalité. Dans les applaudissements et les ah ! oh !, on sent l'auditoire ému. Des frissons parcourent le dos de tous et de toutes.

Clegg raconte comment il est *devenu* Zoulou. Entre chaque chanson, il parle, parfois pendant quinze minutes, de la culture zouloue. Parfois en zoulou. De temps en temps, différentes images défilent derrière lui. Il explique ce qui fait battre le cœur zoulou, la fierté, l'évolution de la nation zouloue et sa persévérance. Puis il parle de l'apartheid, de la traversée de cette période par l'Afrique du Sud. Il est maître conteur. Tout son corps parle. Ses yeux, ses mains parlent. Il nous raconte tout cela comme si nous étions assis avec lui, dans sa cuisine. Il nous rappelle tel massacre en 1992, ou telle attaque en 1994. Ce fut dramatique, traumatisant. Mais il réussit à nous faire rire. Beaucoup. Le caractère complètement insensé du régime de l'apartheid nous semble soudain totalement loufoque.

Tout à coup, Dudu apparaît sur l'écran, un être beau et attachant. On le voit danser sur l'écran avec Johnny, dans la rue, dans un champ. Johnny nous parle de Dudu, de son passé, très dur, au Kwazulu-Natal, dans la guerre entre l'Inkatha et l'UDF (United Democratic Front, l'organisme parapluie qui regroupait une centaine de mouvements antiapartheid, fondé en 1983, lors de l'adoption de la nouvelle constitution) d'abord, ensuite avec l'ANC. Johnny Clegg a dansé treize ans avec Dudu : « … mon plus grand complice dans la vie, personne ne pouvait danser comme nous dansions ensemble ». Pendant qu'il parle, on voit des images au ralenti de Dudu, le grand sourire, les yeux qui pétillent, beau. « En 1992, il a été assassiné. » Tous, nous sentons le couteau pénétrer notre cœur. Puis, il dédie sa chanson à Dudu. Il danse, les pieds allant plus haut que la tête. Il est d'une agilité incroyable. Entre chaque chant-danse, il doit respirer un peu et lance : « Une chance qu'on est encore jeunes ! » Il a dansé avec Sipho. Il danse avec vingt autres Zoulous, tous de la rue, du village de Dudu. Il y a onze musiciens, dont huit chantent. Parfois, personne ne joue d'instrument. *A cappella.* La voix pénètre avec une telle puissance… La femme du groupe, une corpulente *mama africaine*, vêtue de rose, vert et bleu, a une de ces voix ! Parfois, elle se retourne pour nous montrer ses immenses fesses qui gigotent au rythme de la musique, et la salle adore.

La foule est à 90 % blanche. Les billets étaient chers. L'apartheid économique… Mais Johnny séduit la gauche blanche intellectuelle : beaucoup de gens sont d'anciens militants, certains ont été torturés, emprisonnés au son de la musique de Johnny Clegg. Cette masse de babyboomers nostalgiques se souvient, revit, pleure le passé grâce à cette musique. La musique éveille la mémoire.

La deuxième partie du spectacle est plus légère, mais tout aussi nostalgique. Il chante quelques vieux succès. En trois secondes, les mille sièges sont vides et les corps dansent, les esprits flottent. À chaque chanson qui rappelle un souvenir, les gens se lèvent. Magique.

Trois rappels.

Ses derniers mots : « *I burn for you.* » (Je brûle pour vous.) Avec le geste qui l'accompagne, la main avec doigts écartés qui empoignent son ventre…

J'aurais voulu monter un tel spectacle pour le Festival de jazz, mais cela aurait demandé des mois de préparation, du temps et beaucoup d'argent. Nous n'avions rien de tout cela.

Quoi qu'il en soit, le soir du 30 juin 2004, cent vingt-cinq mille personnes viennent écouter Johnny Clegg, Lorraine Klaasen, la chanteuse sud-africaine montréalaise depuis vingt ans, et le groupe qui chante *a cappella* : Ladysmith Black Mambazo. Nous projetons des images que j'ai tournées, principalement avec le réalisateur Jean Leclerc avec qui j'ai créé le documentaire *La route des chants de libération d'Afrique du Sud* dans le cadre de la série *Les plus belles routes du monde*. Sur sept grands écrans – un sur la scène et six dans cette immense foule –, nous voyons Nelson Mandela chanter un chant de libération. Avec sa voix intense et son énergie incroyable, Lorraine Klaasen accomplit un travail extraordinaire de « maître de cérémonie ». Sa mère, Thandi Klaasen, une des plus grandes voix de jazz d'Afrique du Sud, est de passage à Montréal et ouvre le spectacle avec l'hymne national de son pays. Je ne crois pas que la foule se rend compte à quel point il est exceptionnel d'avoir cette grande dame sur une scène québécoise.

Thandi Klaasen est défigurée. Un homme jaloux l'a attaquée et lui a aspergé le visage d'acide. Mama Klaasen a subi des brûlures au troisième degré, et sa peau est ratatinée et cicatrisée. Mais on l'oublie dès qu'elle fait résonner ses cordes vocales. Elle devient belle et sans rides. Thandi Klaasen, fille d'un cordonnier et d'une domestique, a grandi dans le célèbre quartier de Sophiatown où elle vivait de sa voix, dans les années cinquante et soixante. Elle a reçu le prix du Conte Pushkin en 1976 pour la meilleure voix féminine. Nelson Mandela a aussi dit d'elle qu'elle avait une des plus belles voix du pays.

Le groupe Ladysmith Black Mambazo en séduit beaucoup, mais en laisse aussi certains perplexes. Ce n'est pas une musique pour faire lever une foule, dehors. Quoi qu'il en soit, il offre une performance extraordinaire. Mais l'arrivée sur scène de Johnny Clegg, qui n'est pas venu à Montréal depuis 1989, hypnotise les dizaines de milliers de festivaliers devant lui. J'ai fait un montage spécial pour sa chanson « One man, one vote », et Clegg est rejoint par les chanteurs de Ladysmith. C'est le clou du spectacle, le chant symbolisant la victoire de la démocratie en Afrique du Sud, célébrant le dixième anniversaire de la fin de l'apartheid et le vingt-cinquième anniversaire du Festival international de jazz de Montréal. Montréal vit un moment unique.

Bon vivant, Johnny vient fêter à la maison jusqu'aux petites heures du matin. C'est un homme simple, humble, qui croit en ce qu'il fait, dont la passion réussit à enflammer les foules. L'Afrique du Sud est riche de telles personnes.

Jay est venu au spectacle, il a dansé comme un fou, il était heureux, surtout en compagnie de son grand collègue et ami, Johnny Clegg. Et il est fier de sa femme qui a exposé de magnifiques images de son pays dans les rues de Montréal. Jay reste deux semaines au Québec pendant lesquelles nous parlons et rions énormément. Quand il part au mois de juillet, je crois que tout va comme sur des roulettes. Plusieurs mois auparavant, nous avions discuté de mon séjour au Québec une autre année.

Peu de temps après son retour en Afrique du Sud, il m'appelle et me dit qu'il n'en peut plus de cette vie de couple, de nous deux ensemble mais séparés. Je ne suis vraiment pas prête à repartir. D'autant plus que mon roman est presque fini, qu'il sera lancé au printemps prochain, en mars 2005, et qu'on vient de m'offrir un travail que je ne voulais pas du tout refuser : chroniqueuse à l'émission *C'est dans l'air,* animée par Élaine Ayotte. J'ai aussi des projets d'articles, des chroniques à la radio. Je me bâtis une vie professionnelle et je ne peux pas, surtout, laisser mon fils à qui j'ai promis de rester jusqu'à la fin de ses études au cégep.

Comment survivre à une telle relation ? Comment la tenir en vie ? En plus de mon travail, de mes émissions, de mes articles et de mon roman, je dois TOUS les jours travailler pour garder cette relation en vie. Et j'ai un but en tête : repartir en Afrique du Sud dans un an, mais pas dans mon état de colère actuel.

Je ne suis pas capable de gérer le stress de cette situation. Tout est arrivé en même temps. Deux mois plus tard, fin octobre 2004, j'aboutis à l'hôpital, dans l'aile psychiatrique pendant une semaine. Je tente de me sauver et marche sans manteau, dans le froid d'octobre, de l'hôpital Notre-Dame jusqu'à Rosemont. La police m'attend chez moi et me ramène. Un patient psychiatrique n'a pas le droit de décider de son sort. Au bout de sept jours, je sors.

En arrivant à la maison, le téléphone sonne. C'est la secrétaire de Frederik De Klerk qui m'annonce que j'ai trente minutes d'entrevue avec lui à Chicago.

CHAPITRE 29

Jamais trop tard pour bien faire

Après environ dix-huit mois de « harcèlement » pour tenter d'obtenir une entrevue avec Frederik De Klerk, en novembre 2004, Brenda, sa secrétaire, m'annonce :

— Il sera à Chicago dans deux semaines. Il serait libre une demi-heure en matinée. Voulez-vous l'entrevue ?

— Oui.

Je lui ai déjà dit : « S'il met le pied sur le continent nord-américain, vous me le dites et je m'y rends. » Carole Beaulieu, la rédactrice en chef de *L'actualité,* achètera cet article « n'importe quand ».

J'annule toutes mes activités, modifie mon horaire chargé, change de place avec un autre chroniqueur de l'émission *C'est dans l'air.* La semaine suivante, je saute dans l'avion, puis dans un train, et je finis le trajet à pied pour ces trente précieuses minutes que De Klerk m'accorde (je l'ai retenu quarante-huit minutes !).

Je rencontre un homme que j'ai mal jugé. Je comprends alors pourquoi il a reçu, conjointement avec Nelson Mandela, le prix Nobel de la paix en 1992.

Dans l'effervescence des hommages rendus à Nelson Mandela, on a un peu oublié le rôle crucial joué par cet Afrikaner dans l'abolition de la politique de ségrégation raciale qui aura duré près d'un demi-siècle. « L'ANC voudrait s'attribuer tout le mérite d'avoir favorisé l'avènement de la nouvelle Afrique du Sud », me lance De Klerk en me rappelant que c'est *lui* qui a pris l'initiative de légaliser les mouvements antiapartheid interdits, dont l'ANC, et c'est *lui* qui a décidé de libérer Nelson Mandela, en 1990.

Au cours des dix dernières années, l'Afrique du Sud « de Frederik De Klerk » a été l'une des promotrices de l'Union africaine (conception calquée sur l'Union européenne). Elle a milité ardemment pour l'allégement de la dette des pays en voie de développement et joué un rôle important dans le processus de paix au Rwanda, au Burundi et en République démocratique du Congo. Mais elle n'est pas au bout de ses peines : les richesses du pays sont encore entre les mains des Blancs, et six millions de personnes sont porteuses du virus du sida… Frederik De Klerk a ouvert la digue d'où ont coulé un fleuve et des rivières d'idées, de gens et de croyances dont il n'est plus le maître.

Né en 1936 d'une famille d'origine néerlandaise installée en Afrique du Sud depuis trois siècles, Frederik De Klerk a rallié très tôt les rangs de l'Afrikaner Broederbond, la société secrète qui fut le cerveau de l'apartheid. Il a suivi les traces de son père et de son grand-père au Parti national, et est entré au gouvernement à l'âge de trente-six ans. Ministre de plusieurs portefeuilles, dont celui de l'Éducation, il préconisera, entre autres, la ségrégation dans les universités. « Oui, je soutenais l'apartheid », m'avoue-t-il, sans ambages, assis dans cet hôtel, section fumeur, de Chicago. C'est un gros fumeur, à la René Lévesque. D'ailleurs, il me fait beaucoup penser à lui : petit, presque chauve, à part une petite couronne de cheveux derrière la tête, nerveux, le regard pénétrant comme la foudre, déterminé, brillant, rusé, fervent militant pour l'indépendance de son peuple – un vrai Lévesque.

Au milieu des années quatre-vingt, il commença à remettre en question l'intransigeance de son parti. Le 14 septembre 1989, lors de son élection comme président de la République sud-africaine, il opta pour le pragmatisme : il entama des négociations avec l'ANC, qui menèrent aux premières élections multiraciales démocratiques, le 27 avril 1994. Des élections qui changeront à jamais la balance des pouvoirs au pays. Vice-président du gouvernement d'unité nationale de Mandela, il démissionnera de son poste en juin 1996 lors de l'adoption de la constitution finale du pays qui ne prévoyait pas, comme il le souhaitait, une sorte de « partage des pouvoirs » *ad vitam æternam,* entre la majorité élue et les minorités importantes plus politiquement que démographiquement, des minorités chez elles depuis toujours.

Aujourd'hui, Frederik De Klerk fait la promotion de la paix dans le monde par l'intermédiaire d'une fondation qui porte son nom. Il a également fondé un regroupement de dix-neuf anciens dirigeants politiques, dont la mission est d'aider, en toute confidentialité, les chefs d'État qui tentent de stabiliser leur pays – promouvoir la paix dans les sociétés divisées par la culture, l'ethnie, la religion ou la langue. « La plus importante leçon à tirer de notre expérience en Afrique du Sud, dit-il, c'est qu'aucune cause ne mérite que l'on dilue notre sens de la justice et de l'humanité. »

Sauf que Frederik de Klerk a soutenu, encouragé, établi des lois racistes dans le régime de l'apartheid, un régime dont les actions furent déclarées « crimes contre l'humanité » par les Nations Unies.

« Ce que je défendais, à l'époque – et je ne dis pas cela pour justifier les torts de ce régime –, précise De Klerk, c'était précisément la solution que le monde entier propose aujourd'hui pour Israël et la Palestine : l'établissement de frontières au sein de l'Afrique du Sud entre divers États-nations fondés sur l'ethnie. Selon cette vision, tous ces États-nations – blanc, zoulou, xhosa, sotho, etc. – auraient formé un jour une confédération similaire à l'Union européenne, peut-être avec une monnaie commune. Ce projet a échoué pour plusieurs raisons. D'abord, les grandes villes sont devenues de plus en plus cosmopolites. Ensuite, les Blancs ont voulu se réserver trop de territoire. Ils ont été égoïstes lorsqu'ils ont tracé les frontières, et leur offre n'a pas été assez généreuse. »

De Klerk marque une pause. Il regarde autour de lui, met sa main dans sa poche et me dit : « Cela vous dérange que je fume ? » Sans attendre la réponse, il allume sa cigarette, la première d'une longue série presque ininterrompue, sauf par sa toux.

Je lui demande comment il est venu à rejeter l'apartheid. Derrière son nuage de fumée, il me raconte :

— La scission du Parti national, en 1981, fut l'un des moments décisifs du processus. L'aile d'extrême droite, qui était très dogmatique et raciste, a quitté nos rangs pour fonder le Parti conservateur. Nous avons alors pu nous concentrer sur les réformes. Mais, très vite, il nous est apparu qu'il était impossible de réformer le système du développement séparé, qu'il fallait l'abandonner et embrasser une nouvelle vision : celle d'une Afrique du Sud unie, démocratique, qui ne tolérerait aucune forme de discrimination tout en protégeant les minorités. Et lorsque je suis devenu leader, en 1989, je me suis donné cinq ans pour réaliser ce programme et pour instituer, en utilisant la négociation transparente, un nouveau modèle constitutionnel en Afrique du Sud. Pour une fois, un politicien aura tenu ses promesses !

Je ris avec lui, même si je sens que cette dernière remarque est une phrase « cassette », qu'il répète dans les entrevues. Le défi d'interviewer un tel homme, c'est de ne pas poser la même question que les milliers de journalistes passés avant moi.

— On parle souvent du « miracle » sud-africain. Êtes-vous d'accord avec ce terme ?

Il aime, sourit et réagit :

— Non ! Mettre fin à l'apartheid fut un travail ardu, qui a nécessité beaucoup de planification, tant du côté de l'ANC que du nôtre. Quand nous avons commencé les négociations, personne n'y croyait.

Il marque une autre pause, inspire bien profondément des milliers de produits chimiques, puis accorde, en quelque sorte, la définition de « miracle » au cheminement de son pays.

— Mais nous avons évité la catastrophe ! Et je pense que tous les Sud-Africains peuvent nous en remercier. Avec le recul, j'estime que deux initiatives principales ont permis d'établir les bases de la paix. La première, c'est celle de mon gouvernement, qui a annoncé, le 2 février 1990, la légalisation de toutes les organisations qui avaient été interdites et la libération de tous les prisonniers dits politiques, sans exception. J'aurais pu poser des conditions, demander des choses en échange. Mais je tenais à affirmer l'intégrité de mon camp. Nous voulions vraiment négocier – cartes sur table, sans tricher. La seconde initiative, c'est celle de l'ANC, qui a déclaré unilatéralement la suspension du conflit armé après la libération de Nelson Mandela.

Entre 1990 et 1994, De Klerk, Mandela, le peuple, les médias ont parfois pris de grandes inspirations en se demandant si le bâton de dynamite n'allait pas sauter, et la violence se propager ensuite comme une traînée de poudre. De Klerk, a-t-il cru, à un moment donné, que c'était la fin ? Le début de la guerre ?

— Il y a eu des moments de désespoir, de crise. Mais dans un processus comme celui-là, vous atteignez un stade où vous n'avez plus d'autre choix que d'aller de l'avant. Parce que l'idée de retourner au point de départ est trop épouvantable.

— Il y aurait eu une guerre civile…

— Oui.

Son « oui » est ferme et catégorique. Nous nous regardons droit dans les yeux. Il est sérieux. J'ai vu la guerre dans ses yeux, et la peur de la guerre. De Klerk voulait la paix, à tout prix. Il a bel et bien mérité ce sacré prix Nobel de la paix.

Évidemment, j'ai effectué une recherche exhaustive sur De Klerk avant de le rencontrer. Encore une fois. En effet, je l'avais interviewé lors de sa démission en 1996, de la Commission de la vérité et de la réconciliation. (Chapitre 53, *Mon Afrique.*) À l'époque, je lui avais demandé pourquoi il n'écrivait pas un livre. Il m'avait répondu qu'il avait commencé. Eh bien, ce livre a vu le jour : *The Last Trek – A New Beginning*. Bien que, selon moi, certains passages de son livre soient carrément à côté de la piste, car je n'ai jamais senti, nulle part, qu'il avait pris vraiment conscience de l'ampleur du mal de l'apartheid et de ses dégâts, ses mémoires éclairent grandement l'esprit et le sens de la vie d'un grand homme. Je le trouve aussi très critique à l'égard de Nelson Mandela : il écrit que ce dernier se fâchait outrageusement, qu'il le critiquait en public, qu'il était parfois intransigeant, qu'il l'insultait inutilement.

— C'est vrai, mais je fais aussi beaucoup son éloge. Je lui reproche surtout de ne pas avoir toujours reconnu mes réels efforts pour contrôler les éléments afrikaners les plus radicaux. Je lui ai déjà raccroché au nez parce qu'il m'avait insulté assez méchamment. Mais nous avons toujours travaillé avec le même but, et nous sommes devenus de très bons amis. Il a déjeuné avec ma femme et moi dans notre petit vignoble. Nous sommes allés dîner deux fois chez lui…

Je sens qu'il aime vraiment Mandela. Aimer? Admirer plutôt. Un homme à qui il porte un immense, profond et vrai respect. Regrette-t-il la tournure des événements? L'homme blanc afrikaner a perdu son trône au haut de l'échelle sociale, la femme noire ayant désormais pris la place, cet homme blanc a glissé sur le serpent entre les échelles occupées à présent par les Noirs, qui ont un million d'échelons à grimper. Je lui pose alors la question que tout le monde se pose. En tant qu'homme blanc afrikaner, avec son passé, il est celui qui peut me répondre le plus honnêtement et le plus objectivement possible : l'Afrique du Sud est-elle vraiment sur la bonne voie?

— Je parcours le monde en vantant les mérites de l'Afrique du Sud, parce que je suis très optimiste quant à son avenir. Du point de vue économique, le pays est sur la bonne voie. Le gouvernement de l'ANC a prouvé au reste du monde qu'il pouvait maintenir le cap en matière de politiques économiques viables et équilibrées. Nous commençons d'ailleurs à en récolter les fruits. Du point de vue social, nous avons fait de l'excellent travail sur la question du logement, des allocations aux plus démunis, du développement des réseaux de distribution d'eau et d'électricité. Il faut reconnaître que, tout compte fait, les aspects positifs pèsent plus lourd dans la balance que les aspects négatifs. Par contre, je trouve que le gouvernement s'est très mal attaqué à plusieurs grands problèmes. Notamment, il a adopté, sur le sida et sur le Zimbabwe, des positions controversées qui ont nui au pays. Par ailleurs, une récente étude a démontré que 72 % des hommes blancs se sentent maintenant comme des citoyens de seconde classe. C'est une situation très malsaine. Je crois qu'il est essentiel de redonner aux Noirs le plein pouvoir économique, mais les mesures prises pour le faire ont aliéné trop de Sud-Africains. Voilà pourquoi ma fondation travaille à maintenir des dialogues constructifs.

Tout en s'allumant une autre cigarette, il regarde sa montre sans aucune subtilité. Je dois foncer droit au cœur. Et le cœur de De Klerk, sa vie, a été le Parti national. Le Parti national fut au centre de son éducation, de son militantisme, de ses pratiques et de ses croyances, et il a fusionné avec l'ANC après avoir obtenu un maigre 1,65 % des voix aux élections d'août 2004. Et lui, a-t-il suivi la majorité des membres de son parti et voterait-il pour l'ANC ?

— Non. La disparition du Parti national devrait donner naissance à un parti du centre, ou du centre droit, dirigé par quelqu'un de non lié au passé. Nous devons faire une coupure avec notre histoire. Je ne sais pas quand, mais un jour viendra où l'Afrique du Sud connaîtra un réalignement politique, où tous les partis s'éloigneront de leurs positions historiques, fondées sur l'ethnie et la race, pour adopter des politiques fondées sur les valeurs.

De Klerk a raison. La scène politique sud-africaine est calquée sur la vieille Afrique du Sud, celle qui a formé des alliances en fonction de ce qui opposait les partis, et non de ce que ces partis bâtissaient. Quel genre de société veut-on maintenant ? À part une société multiraciale qui se réconcilie ? Quelles normes et philosophies économiques devraient désormais être appliquées à la toile de la nouvelle Afrique du Sud ? Je crois que bientôt, l'ANC éclatera, et que de nouveaux partis politiques se formeront. Il y a déjà plusieurs signes de friction intense entre les acteurs de l'alliance tripartite. L'ANC est toujours allié, signe du passé, au Congrès des syndicats sud-africains et au Parti communiste. Maintenant que le mur de l'apartheid est tombé, tout le monde part dans différentes directions. Dans une dizaine d'années, l'Afrique du Sud subira encore de grands changements politiques.

Si Frederik De Klerk a changé le cours de l'histoire de l'Afrique du Sud, ce pays aura donné naissance à un nouvel homme. Cet homme est à présent à la tête d'un organisme qui veut amener la paix dans les sociétés déchirées par les différences, raciales, religieuses, politiques, peu importe. Et qu'espère-t-il accomplir maintenant avec sa Global Leadership Foundation ?

— Je me suis rendu compte que les leaders des pays en voie de démocratisation sont très souvent isolés, mal entourés. Plusieurs de leurs conseillers les encouragent uniquement à faire de l'argent, à s'en mettre plein les poches. Quand un de mes amis m'a pressenti pour créer cette fondation, j'ai hésité. Puis, le 11 septembre 2001 est arrivé. Et soudain, nous avons tous compris de façon brutale que ce qui se passe dans les pays les plus pauvres de la planète a des répercussions sur les pays les plus riches. Nous devons nous préoccuper du sort des pays pauvres qui luttent pour briser une tradition de despotisme et de dictature. Et nous devons leur prêter main-forte afin qu'ils puissent eux aussi commencer à profiter de la prospérité créée par la mondialisation.

De Klerk ne dira pas avec quels pays il travaille, mais je lui demande néanmoins comment il tenterait de régler le conflit israélo-palestinien, un conflit qui contient tous les éléments du mandat de sa Fondation…

— Israël et la Palestine pourraient tirer bien des leçons de l'expérience sud-africaine. D'abord, je crois que des initiatives comme celles qui ont ouvert la voie aux négociations en Afrique du Sud leur seraient salutaires. La décision unilatérale d'Ariel Sharon d'évacuer la bande de Gaza et quatre colonies de Cisjordanie est un pas dans la bonne direction. Depuis la mort d'Arafat, les nouveaux dirigeants palestiniens peuvent maintenant prendre des mesures sérieuses pour faire cesser les attentats-suicides et contrer les ultra-radicaux. Ensuite, j'ai appris – et je l'ai affirmé publiquement au Centre Shimon Peres pour la paix, dont je fais partie – qu'on ne peut choisir ses interlocuteurs. Il faut accepter de dialoguer avec les gens qui détiennent le vrai pouvoir : ceux qui sont capables d'amener la majorité à la table des négociations.

Évidemment, après mon expérience avec un Afrikaner pur et dur, Robert Von Tonder, qui louangeait René Lévesque, je me dois d'amener le sujet du Québec. Surtout qu'il fait mention de notre « lutte » dans son livre. Et s'il devait donner un conseil aux indépendantistes québécois, quel serait-il ? Il me lance un regard surpris et en tapotant sa cendre dans le cendrier, il répond en hésitant.

— Je… Je ne suis pas un expert de la situation canadienne, mais il me semble que, dans le cas d'un pays qui existe depuis aussi longtemps, ma première réaction serait de ne pas proposer la séparation. J'envisagerais plutôt un modèle hybride entre la fédération et la confédération. Un modèle offrant un très haut degré d'autodétermination, avec pleins pouvoirs tant à l'entité francophone qu'à l'entité anglophone. Seuls quelques grands domaines de compétence nationale seraient centralisés : la défense, peut-être aussi la politique étrangère…

De Klerk est certes un être surprenant dont l'évolution – avec son célèbre discours le 2 février 1990 – aurait surpris quiconque quelques années auparavant. Mais c'est aussi grâce à cette expérience durant l'apartheid, le fait d'avoir été membre du Broederbond, fervent calviniste et farouche indépendantiste afrikaner, que De Klerk est devenu l'homme qu'il est aujourd'hui. Un être humain est le produit de ses expériences. Et il est bien vrai qu'il n'est jamais trop tard pour bien faire. Jamais. De Klerk lègue à l'humanité entière, peut-être pas au même degré que Nelson Mandela mais néanmoins, précieusement, une expérience de travail qu'il a utilisée dans l'histoire de son propre pays et qui s'est traduite en « miracle ». Peut-être l'histoire l'a-t-elle jugé trop sévèrement ?

— Je ne me plains pas. Il y a encore des gens qui disent : « Mais vous avez administré l'apartheid ! », en oubliant que j'ai pris l'initiative d'y mettre fin. Je pourrais être encore président aujourd'hui, si j'avais voulu. Mais au prix de centaines de milliers de vies ! Les critiques ne m'empêchent pas de dormir, parce que de nombreuses personnes reconnaissent ma contribution, et j'ai la conscience en paix.

Ce n'est pas le cas de tous les Afrikaners. Beaucoup – ceux qui ont « exécuté » la loi, ceux qui devaient entretenir et finir une guerre que les politiciens avaient commencée – se sont sentis trahis. Ils étaient des soldats fidèles, efficaces... avec beaucoup d'initiative. De Klerk a toujours maintenu qu'il n'était pas au courant des escadrons de la mort de ses agents de la police et de l'armée.

La situation en Afrique du Sud réunissait tous les éléments pour dégénérer, pour exploser en guerre civile, en vengeance, en confusion sociale.

Ce que j'ai voulu faire ressortir avec mon roman *Eva*, c'est le chemin parcouru par un pays, de l'enfer à un état relativement pacifique, où se côtoient à peu près bien une société avec onze langues officielles, une montagne de religions et des champs de traditions. Non, le mot « miracle » sud-africain n'est pas exagéré. Le chemin parcouru par ce nouveau pays depuis même pas une génération est phénoménal.

Pendant une dizaine d'années, Nelson Mandela et Frederik De Klerk ont tricoté jusqu'aux petites heures du matin une mosaïque sociale et politique. Et une des raisons pour lesquelles ces différents peuples se mêlent, s'apprivoisent et se comprennent est la réunion de ces deux grands leaders pour arriver au but ultime, la création d'un pays démocratique – pas parfait, bien sûr, il y a des décennies et des générations de pots cassés à recoller et d'autres à enterrer –, pays qu'ils ont bâti avec le pouvoir de la solidarité – solidaires de la paix –, et avec le charisme nécessaire pour convaincre chacune de leur troupe qu'il s'agissait là de la voie à suivre. Des négociations impliquent toujours des compromis des deux côtés. De Klerk a su en faire amplement, et humblement. Et aujourd'hui, il exporte le miracle.

Frederik De Klerk... Quel personnage ! Un mois plus tard, quand je vois Jay, je lui demande ce qu'il pense de ce revirement de De Klerk. Il sourit, puis rit.

— Il n'est jamais trop tard pour bien faire. De Klerk est un homme génial...

CHAPITRE 30

C'est à ton tour, Jay

Jay fêtera ses cinquante ans en décembre 2004 à Johannesburg. La nouvelle se répand, et des communautés entières, des syndicats, des compagnies, des gens d'affaires, des artistes, de simples *mamas* africaines viendront avec leur broche et leur mouton pour faire un méchoui, avec leurs talents, leur artisanat et leur dévouement, et contribueront à organiser l'anniversaire de Jay. Il y aura des chorales et des musiciens, et d'immenses tentes seront montées sur la pelouse parfaitement tondue du Inanda Club, le club le plus sélect d'Afrikaners durant l'apartheid !

Je laisse l'hiver québécois pour aller fêter sur la pointe australe de l'Afrique. Du moins, me mettre dans l'esprit de la fête, parce que, entre Jay et moi, c'est une situation de « *adapt or die* ». Il reste six mois avant mon retour ici. Depuis mon séjour à l'hôpital, Jay se montre plus compréhensif...

En arrivant à Johannesburg, nous parlons, parlons, parlons, toute la nuit, et pendant des jours et des nuits, et partout, tout le temps. Nous nous engageons, encore une fois, hélas, oui, encore une fois, mais de façon très déterminée – qui déplacerait des Everest –, à survivre à la séparation des prochains, et derniers, six mois. Depuis quelques mois, dans toutes mes conversations quotidiennes avec lui, j'insiste sur mon retour en Afrique du Sud avec une attitude positive et heureuse. Et j'y crois.

Parmi tous ces honneurs qui lui sont adressés en ce soir de célébration, Jay et moi échangeons nos vœux, notre volonté de réussir ce couple, cette famille. Je suis heureuse et déterminée. Libérée, réellement libérée de ma colère. Enfin. J'ai construit un montage de diapositives sur ordinateur, quelques mots, préparé mon trousseau de clés – un immense anneau sur lequel sont enfilées une centaine de clés ; je le montrerai en disant que Jay m'a offert la clé de son cœur, mais comme il change souvent de clé, je dois tenter de rester à jour…

La chorale nous accueille, deux rangées de superbes voix alignées le long de l'entrée au tapis rouge. L'ironie saute aux yeux : cinq cents personnes qui se sont battues contre un régime, activement, ou du moins, moralement, boivent un verre devant des cadres de premiers ministres et de présidents blancs dans l'immense hall d'entrée. Des enfants, des petits-enfants de collègues, d'amis, d'anciennes amoureuses de Jay courent dans tous les sens, heureux, Indiens, Blancs, Métis, Noirs, leur visage maquillé. Une dizaine d'amis du Québec ont traversé la planète pour venir célébrer.

Cela fait un bien immense à Jay de voir le soutien populaire, l'admiration réelle et profonde, et la reconnaissance de ce qu'il a accompli dans sa vie. Depuis quelques années, depuis qu'il n'est plus au gouvernement, Jay souffre parfois de nostalgie. Une nostalgie normale. Il connaissait une douce euphorie à s'adresser à des foules, des gouvernements, des masses de travailleurs. Jay et ses collègues ont fondé le Congrès des syndicats sud-africains. Il était à la tête de cette puissante organisation qui participa à l'enterrement de l'apartheid. Pendant les quarante premières années de sa vie, Jay a vécu sous l'apartheid. Et s'est dévoué à la destruction de ce régime. Cela marque un homme… Une telle expérience affecterait n'importe qui.

Refaire sa vie dans un quotidien plus « banal » est toute une adaptation. Sa vie a radicalement changé en l'espace de quelques années seulement, et l'espace d'un instant, le 10 mai 1994, lors de l'investiture présidentielle de Nelson Mandela.

Jay a remplacé son adrénaline par une montagne d'activités, toujours vouées aux autres, rarement rémunérées.

Il souffre d'empathie aiguë. Il n'y peut rien. Il doit sûrement posséder le gène de la compassion, de l'empathie ou de l'altruisme gonflé à bloc ou reproduit en plusieurs exemplaires. Il ferait un très intéressant sujet d'études scientifiques. L'autre jour, nous regardions le film *Antwone Fisher*. Dans une des scènes, le jeune Antwone âgé de six ou sept ans environ se fait battre et abuser sexuellement par une femme. Jay était en morceaux, avait physiquement mal au ventre et maudissait toute forme d'abus et de violence contre les enfants. Lorsqu'il voit un enfant en train de quêter dans la rue, il maudit les parents, le système, la société. Il dit à peu près la même chose que Nelson Mandela à ce sujet : « Les enfants qui dorment dans la rue et doivent mendier pour survivre sont le témoignage d'un travail inachevé. »

Jay devient physiquement mal lorsqu'il voit la souffrance, principalement chez les enfants, mais aussi chez les adultes, surtout les femmes. Ce qu'il ressent le pousse à agir et fait de lui ce qu'il est, du moins, je crois.

Il est toujours président de la Banque de développement d'Afrique australe qui s'occupe des infrastructures telles que les ponts, les routes, les barrages, etc. des seize pays d'Afrique australe. Il est constamment sollicité, tant par des présidents de pays que par des chefs d'entreprise, pour ses conseils, ses idées et ses opinions, car il est reconnu internationalement comme un grand stratège. Il siège à différents comités et conseils d'administration, dont Love Life, le programme national sud-africain de prévention contre le VIH, programme le plus important au monde qui s'adresse spécifiquement aux jeunes de douze à dix-sept ans qui représentent 40 % de la population et la moitié des personnes infectées !

Jay est aussi est le président de Global Alliance for Improved Nutrition (GAIN, ou l'Alliance globale pour l'alimentation enrichie) financée à 80 % par la fondation Bill et Melinda Gates, et le reste par l'Agence américaine pour le développement international (USAID) et l'Agence canadienne du développement international (ACDI). GAIN est un organisme qui ajoute des vitamines et des minéraux dans les aliments de base de différents pays en voie de développement, comme on le voit avec le sel auquel on a ajouté de l'iode (pour prévenir le goître), ou encore le pablum (invention d'un pédiatre de Toronto), ces céréales pour bébés qu'on a enrichies de vitamines et minéraux. Plus de deux milliards de personnes manquent de vitamines et de minéraux pour pouvoir mener une vie saine et productive. Les carences en vitamines causent une foule de maux, de maladies et même la mort. La vitamine A, par exemple, aide les enfants à combattre les infections des voies respiratoires, la diarrhée et la rougeole. Elle protège les femmes avant, pendant et après la grossesse. Les aliments riches en vitamine A aident à la santé des yeux et préviennent la cécité. Des onze millions d'enfants mourant chaque année de maladies infantiles, 23 % pourraient être sauvés s'ils avaient absorbé une quantité suffisante de vitamine A.

Le fer est un minéral crucial. Un cinquième des femmes des pays en voie de développement meurent en accouchant à cause d'un manque de fer. Chez les enfants, la carence en fer compromet le développement cognitif et moteur, et restreint les habiletés d'apprentissage. Le manque de fer est responsable d'une foule de maux.

Ce ne sont là que quelques exemples du rôle des vitamines et minéraux dans le maintien de la santé. Il est donc possible d'éviter des millions de morts, de malformations congénitales, de maladies, de productivité limitée et de développement cognitif inadéquat par l'ajout, dans les aliments de base, de vitamines et minéraux indispensables au développement, au maintien de la santé et à la vie.

C'est le rôle de GAIN. En Chine, on ajoute du fer dans la sauce soya et au Vietnam, dans la sauce de poisson ; en Bolivie, du fer, de l'acide folique et autres vitamines B dans la farine et l'huile végétale ; au Mali, de la vitamine A dans l'huile de grain de coton, etc. Des actions qui touchent jusqu'à présent un demi-milliard de personnes. Jay préside cet organisme avec son cœur, et ses gènes de compassion. Marc van Ameringen, un Canadien, gère le tout. Une équipe formidable, dont les membres viennent d'un peu partout, les entoure. GAIN est un projet qui est en train de changer la planète. Jay lui voue une grande passion et en parle avec ferveur.

Ces activités s'ajoutent à son travail au sein de sa compagnie J & J Group avec son ami de toujours, Jayendra Naidoo.

En ce soir de célébration de ses cinquante ans, nous prenons tous conscience, même les participants à l'organisation de son anniversaire, de l'ampleur de son œuvre et de l'héritage qu'il laisse. Aux cinq cents personnes présentes, je raconte que Jay et moi avons beaucoup de vécu ensemble, que nous avons traversé beaucoup d'obstacles et de montagnes. Qu'actuellement, j'habite au Québec, où nous nous rencontrons et, quand c'est possible, nous nous donnons rendez-vous en Italie, en France, à Cuba ou en Égypte. Et que nous sommes ensemble depuis quatorze ans…

Tant et tant de gens croient, souhaitent même, pour prouver je ne sais trop quoi – peut-être empêcher un succès – que la relation entre Jay et moi est impossible, pensent que nous devons avoir des amants et des maîtresses, que notre mariage est un mariage de raison à cause des enfants. J'ai même lu dans un magazine que Jay et moi avions pris la décision de nous séparer. Je me moque de tout ce qu'on raconte. Jay aussi. Nous nous le sommes dit : il faut foncer et réussir. S'engager. À fond. Je me sens libérée. Jay a hâte, dit-il, de préparer la nouvelle maison qu'il a achetée dans le quartier Morningside, près de l'école française Jules Verne, où va Kami et où ira Shanti, et où Léandre a fait presque tout son primaire. Jay et moi comptons les mois, les jours qui nous séparent.

Mais pour l'instant, deux jours après son anniversaire, nous partons à douze dans une fourgonnette, mes trois enfants, Jay et nos sept amis québécois, dont Louise Sarrasin et Jean Belliveau. Nous nous rendons à Sun City, une sorte de Las Vegas cinq étoiles au milieu d'un désert de pauvreté et de poussière, construit par Sol Kerzner durant l'apartheid. L'hôtel est un château, avec quelques piscines, dont une à vagues, un golf extraordinaire, un casino, des restaurants, des cinémas, etc. Sol Kerzner est à la tête d'une chaîne d'hôtels en Afrique du Sud, aux Bahamas (Paradise Island), à Dubaï et à l'île Maurice. Il a grandement profité de l'apartheid. Sun City est un endroit fou, mais qui est situé à côté du parc national Pilanesberg, où il est possible de faire un safari et de voir les *Big Five :* éléphants, léopards, lions, buffles et rhinocéros. Contrairement au parc Kruger, ici, il n'y a pas de malaria. Après cette magnifique semaine, chacun part de son côté visiter un bout ou l'autre du pays.

De retour à Johannesburg, Jay et moi installons la nouvelle maison dans laquelle je vivrai dans six mois. Il m'a construit un bureau sur le toit, à côté de la terrasse de notre chambre à coucher : un cocon très mignon. Ensemble, nous décorons, changeons, rénovons des petits bouts de la maison. Les enfants aiment beaucoup (et moi aussi) pouvoir sortir sans aucun danger, aller au parc de ce milieu multiracial au centre des trente-sept petites maisons regroupées dans un *cluster*, un regroupement de maisons protégées par d'immenses murs, une guérite, un gardien, une raison pour entrer.

Jay et moi parlons et parlons et parlons, de destin, de besoins. De réalité et de rêves qu'on veut réaliser, d'autres qu'il faut mettre de côté. C'est un long chemin.

CHAPITRE 31

Kitty

Dans mon roman *Eva,* Kitty, la sœur de Vavi, est danseuse. C'est elle qui élève son neveu, Jabulani, le fils d'Eva, à Soweto.

Kitty existe réellement. Elle est la première danseuse de ballet noire de la nouvelle Afrique du Sud ayant une carrière internationale.

D'une sublime beauté, Kitty mesure environ un mètre quatre-vingts. Elle est née en 1983, durant la pire période de l'apartheid : dans les années quatre-vingt, P. W. Botha régnait en roi de la jungle. C'était la guerre, partout la violence était meurtrière. À ce moment-là, les camps d'escadrons de la mort de membres des forces de la loi et de l'ordre du régime de l'apartheid ont vu le jour. Le « gouvernement » – surtout après l'imposition de l'état d'urgence en 1986 – persécutait, torturait, emprisonnait, tuait, légalement ou non, les militants antiapartheid. Les lois empêchaient les Noirs de se mouvoir dans leur propre pays, de travailler où ils voulaient, d'étudier, de jouer dans l'orchestre symphonique ou de danser. Il existait un apartheid dans la culture. Le saxophone, par exemple, était un instrument noir en Afrique du Sud, le violon, un instrument réservé aux Blancs. Les danses, notamment de jazz, des années cinquante étaient réservées aux Noirs, le ballet classique, aux Blancs.

À cette époque, Kitty habitait à Soweto. Son oncle étant membre de l'ANC, sa famille entière a été persécutée. On a envoyé les enfants au Swaziland pendant quatre ans, et lors de la libération de Nelson Mandela, on les a rapatriés. Ils se sont installés à Alexandra, un *township* noir de Johannesburg, à deux pas de Sandton, la banlieue la plus chic de la ville. Lorsque Kitty était petite, Alexandra était dans un terrible état : des centaines de milliers de personnes pauvres étaient entassées sur un kilomètre carré, les déchets jonchaient les rues poussiéreuses ou boueuses, selon la saison. Il n'y avait que des bicoques, des cabanes en tôle aux planchers en terre battue, quelques robinets, pas de toilette, pas d'électricité, pas d'arbres. Aujourd'hui, en 2006, l'électricité court dans les nouvelles maisons de briques et dans les camps de squatteurs restant. La banlieue s'est agrandie un peu, il y a de l'eau, c'est propre, l'herbe et des arbres font peu à peu partie du décor.

Kitty a commencé à danser avec Martin Shonberg, blanc, juif, sud-africain, d'une famille très aisée, il va sans dire, avec accès à la meilleure éducation possible, ainsi qu'aux activités parascolaires d'ailleurs, dont le ballet. Martin est vite devenu l'un des meilleurs danseurs de ballet du pays – blancs, évidemment.

Un jour, en 1990, quelqu'un lui a dit : « Les Noirs ne peuvent pas danser le ballet. » Estomaqué, Martin a répondu : « Bien sûr qu'ils ne le peuvent pas – où vont-ils apprendre, qui va leur enseigner, comment pourraient-ils avoir accès à un art blanc, qui va payer ? »

Ce fut le début de sa mission. Martin a décidé de développer le talent noir en donnant d'abord des cours dans une école mixte de Johannesburg. Kitty, neuf ans, fréquentait cet endroit. Les parents de Kitty, qui ont pris toutes leurs économies pour payer les études de leurs enfants, sont politisés et instruits : sa mère est infirmière – profession courante pour les Noires (sous l'apartheid, les Noires avaient accès à peu de métiers ou professions : domestique, institutrice et infirmière). Son père est comptable.

Kitty a commencé le ballet avec Martin. Dès les premiers pas, il a vu en elle un immense talent, le feu sacré de la danse. Il lui a trouvé des bourses de toutes sortes pour payer ses cours, ses souliers et ses vêtements de ballet. Dans les années quatre-vingt-dix, les années de changement de l'ère Mandela, Kitty dansait partout. La communauté internationale la découvrit, et elle se mit à parcourir la planète. Elle a eu alors des offres de Londres, Sydney, Paris, Helsinki, Vienne, etc. pour aller étudier, finir ses études secondaires dans des écoles de ballet spécialisées. Selon certains, c'était une chance en or de sortir des conditions misérables d'Alexandra et de vivre un rêve de princesse. Mais ses parents ont dit non. Elle a dit non. Elle voulait finir ses études secondaires dans la réalité africaine, avec ses cauchemars et ses rêves, avec ses défis, avec sa culture, sa nation, son peuple. Elle a toujours des offres. Elle enseigne à l'école de Martin, dans son *township*, parmi les gens qui n'ont pas de moyens : que d'immenses talents et des rêves grands comme ça.

Mais un tragique événement changea sa vie. Kitty fut victime de viol comme dans *Eva*. Dans la vraie vie, en 2004. Un cambrioleur. Voleur et violeur. Il lui a aussi volé sa passion, sa détermination, son goût de vivre. Jusque-là, toujours d'une minceur remarquable, comme une vraie danseuse de ballet, Kitty a pris du poids, beaucoup de poids. Elle a délaissé la danse et l'enseignement. Elle s'est laissée aller.

À présent, elle revient tranquillement à la vie. Elle veut quitter l'Afrique du Sud, fuir la violence et ses souvenirs. Fuir la solitude incommensurable qui s'empare de la femme violée. Dans mon roman *Eva,* ce viol collectif met fin à sa carrière de danseuse, car, durant le crime, on lui broie une cheville. Dans la vraie vie, on a broyé sa passion et sa confiance en elle. Aux dernières nouvelles, Kitty va mieux. Elle a perdu du poids, a recommencé à danser, a repris goût à la vie. Son rêve ? Déménager aux Pays-Bas pour danser pour leur troupe de ballet national.

Hambe Kahle, Kitty, porte-toi bien, où que tu sois. Je m'engage, pour toi, et pour toutes les femmes du monde victimes de violence, à ne jamais baisser les bras, à ne jamais me taire devant l'un des plus grands maux de la terre.

CHAPITRE 32

Encore quelques dodos

Le téléphone est un très mince fil qui nous relie et garde notre relation vivante. Les courriels et le clavardage sont cruciaux et quotidiens, mais rien ne remplace la voix. Mes nombreuses conférences, mes chroniques hebdomadaires, mes articles sporadiques, Shanti à l'école et Léandre au cégep me tiennent plaisamment occupée. Je suis comblée par ma chronique hebdomadaire à *C'est dans l'air* : quel mandat de rêve – parler des pays oubliés, en voie de développement, tels que l'Afrique, l'Inde, et des femmes qui y vivent, de leur art et de leur culture.

Je profite de l'hiver au maximum, et les activités ne manquent pas : je vais à Notre-Dame-des-Bois chez ma mère, chez des amis à la campagne, dans l'Outaouais. À l'autre bout de la planète, Jay et Kami passent des fins de semaine dans la brousse, vont au cinéma. Jay voyage beaucoup aussi. Dans ces cas-là, Kami reste avec Rosie, que les enfants appellent Gogo. Lors d'une chronique à l'émission *C'est dans l'air* sur les couples intercontinentaux, je parle du coût astronomique des appels téléphoniques en mentionnant que j'ai sans doute déjà payé deux édifices de Bell Canada, mais que cela en valait la peine. Plus tard cette journée-là, le président-directeur général de la compagnie Téliphone m'appelle pour me dire qu'il a la solution à mes problèmes : je peux avoir un numéro avec l'indicatif régional de Montréal à Johannesburg grâce à la technologie de l'Internet. Désormais, nous pouvons nous parler jour et nuit, pour vraiment pas cher. Ce téléphone a changé notre vie. Shanti appelle librement Kami pour lui demander un renseignement au sujet d'un jeu d'ordinateur, puis ils discutent un peu. Kami m'appelle au sujet de ses devoirs ; experts en gadgets technologiques, Léandre et Kami se parlent d'ordinateurs et du dernier bébé technologique sur le marché ou de tel jeu sur CD-Rom ou DVD. On me demande souvent si je me suis habituée à vivre sans un de mes enfants. Non, on ne s'habitue pas à l'absence. Je n'ai pas de mots pour décrire le mal qui me déchire de vivre sans Kami. Je pense toujours à lui. Quand je regarde l'heure par exemple : à quatorze heures au Québec, il est vingt et une heures en Afrique du Sud, Kami est dans son lit avec un livre. Si je me lève la nuit à deux heures, il est neuf heures à l'autre bout de la planète, Kami est assis à l'école, et je l'imagine en train de rire, de parler, je me demande à quoi il pense. Lorsque nous sommes à table, Léandre, Shanti et moi disons souvent : « Ah ! Kami aurait dit ceci. Ah ! Kami aurait fait cela ! » Il est avec nous tout le temps. Son absence nous habite. Si je ne m'habitue pas à l'absence, je m'habitue peut-être à gérer le mal indescriptible qu'elle engendre.

Jay et moi, nous nous parlons le plus souvent possible. Dans chaque conversation, je fais un effort pour parler de « quand je serai là, je ferai ceci, quand je serai là, je ferai cela ».

Au début de 2005, on m'appelle pour des offres d'emploi intéressantes, pour l'été, pour l'année suivante, pour écrire, même pour animer une émission de santé à Télé-Québec. Ça me brise le cœur de devoir refuser. « Non, je ne peux pas, je déménage en Afrique du Sud cet été. » En revanche, j'accepte toutes les conférences pour novembre 2005. J'en ai assez de prévues pour pouvoir me payer un billet d'avion aller-retour Johannesburg-Montréal. Cela me donnera l'occasion de venir au Québec, d'aller au dernier Salon du livre de Montréal avec *Eva*.

J'accepte bien évidemment le rôle de présidente d'honneur du vingt-sixième Salon du livre de l'Outaouais – dans mon patelin ! Mais, le lancement d'*Eva* ayant lieu la semaine d'avant, Jay ne pourra pas rester pour y assister (en revanche, il ne manquerait jamais le lancement d'un de mes livres, a-t-il dit).

J'annonce à Jay que je refuse des offres d'emploi. Et plus je lui en parle, plus il s'enfonce dans un gouffre de culpabilité. Il est bien difficile de régler des disputes par téléphone. C'est la pire des situations dans une telle relation. Mais j'attaque de front en lui disant qu'il est mon mari, que j'ai besoin de me confier à lui, de lui dire que, oui, ça me fait mal de refuser de tels postes, mais que je le fais pour une bonne raison : parce que je le veux ! Parce que je veux une famille et un couple réussis.

Je demande à Léandre de finir son cégep en deux ans. Je talonne Léandre sans arrêt. Léandre m'a permis de ne pas retarder mon retour en Afrique du Sud. Notre couple n'aurait pas survécu. Les relations à distance requièrent l'implication de toute la famille. C'est un gros travail d'équipe. La date limite d'août 2005 est, pour Jay et pour moi, inconditionnelle.

Jay s'avoue inquiet de notre retour prochain à la vie de couple. Notre dernière tentative en 2002-2003 a été un échec. Jay a gardé de moi l'image d'une personne dont les mots étaient souvent teintés d'un brin de colère. Je ne pouvais pas revenir vivre à Johannesburg sans régler ma colère, profonde et maladive, contre mon mari. J'ai eu besoin d'aide et c'est Michèle Lambin qui m'a sortie de cet état. Je suis guérie. Mais Jay est sceptique.

Je l'étais tout autant quand j'ai appelé un jour Michèle et lui ai dit que je n'en pouvais plus d'être amère et en colère envers Jay parce qu'il ne vient pas vivre au Québec ; j'en étais devenue fatigante à ce sujet, que j'introduisais de façon empoisonnante dans à peu près toutes les conversations.

Michèle m'a fait suivre la thérapie EMDR pour *Eye Movement Desensitization and Reprocessing* qui consiste à reprogrammer le cerveau pour effacer les traumatismes ou autres sortes de troubles très précis, par des mouvements oculaires. Michèle me posait des questions, et entre chacune agitait ses doigts de gauche à droite à trente centimètres de distance, environ un aller-retour à la seconde. Je devais suivre des yeux ses doigts. Ne regarder, fixer, ne suivre, ne vivre que pour ses doigts. Après cinq séances de quatre-vingt-dix minutes, j'étais guérie. Même aujourd'hui, j'ai beau me forcer pour créer cette colère, je ne suis pas capable de la ressentir. Mais quand j'ai appelé Jay pour lui dire que j'avais suivi des doigts pendant cinq séances de quatre-vingt-dix minutes et que j'étais guérie, il est resté sceptique.

Mais nous nous parlons souvent et nous voyons autant que nous le pouvons. Nous nous rencontrons à New York ou en Autriche, à Paris, n'importe où, même si ce n'est que pour quelques jours. Le billet d'avion en vaut le prix à payer pour entretenir une relation longue distance. Allons-nous survivre les quelques mois restants ?

CHAPITRE 33

La technologie et l'Afrique

Si on avait à représenter l'Afrique avec une image, une seule (sachant que la moitié de la population de l'Afrique subsaharienne vit avec moins de un dollar par jour et les quatre cinquièmes avec moins de deux dollars par jour), je l'ai déjà dit, elle pourrait être la suivante : une femme transportant un seau d'eau sur la tête, une binette à la main et un bébé sur le dos.

Aujourd'hui, en 2005, il faut ajouter un détail à cette image : le téléphone cellulaire dans la main de cette femme. Le continent africain a connu la plus forte croissance en matière de télécommunications sans fil au monde : sept des dix téléphones en Afrique sont des cellulaires. Il y a eu plus de téléphones cellulaires mis sur le marché en 2000 que de lignes terrestres installées durant le dernier siècle !

En 1999, il y avait sept millions et demi d'abonnés cellulaires en Afrique (sur une population de huit cent cinquante millions). En 2005, plus de quatre-vingts millions d'Africains avaient un cellulaire ! Et ça va si vite que lorsque j'aurai fini d'écrire cet ouvrage, il y aura quelques milliers d'abonnés de plus. Pourquoi le cellulaire ? Les téléphones fixes sont difficiles à poser, surtout dans les régions sans aucune infrastructure, et coûtent beaucoup plus cher à maintenir. Au contraire, la technologie cellulaire est facile (et rapide) à déployer et à entretenir, accessible et relativement peu coûteuse. Idéale pour l'Afrique qui vit, depuis quelques années, la fameuse théorie du « saut de grenouille ». Elle a sauté l'étape de l'installation de fils et de câbles pour se lancer directement dans les nouvelles technologies de l'information.

L'Afrique du Sud, le pays le plus branché du continent et qui est aussi en train de brancher l'Afrique au reste du monde, est un parfait exemple pour illustrer l'accessibilité aux vieilles et aux nouvelles technologies. Sur une population d'environ quarante-cinq millions de personnes, il y a 4,8 millions de lignes téléphoniques terrestres (donc 10 % de la population). Mais seulement 18 % des Noirs ont accès à la téléphonie fixe. Par contre, la moitié de la population a un téléphone cellulaire, et les trois quarts des Noirs ont accès à un téléphone à moins de trente minutes de marche[9]. Même les cabines téléphoniques publiques fonctionnent avec la technologie cellulaire.

On entend encore trop souvent le discours suivant : l'Afrique a besoin avant tout de nourriture, de vêtements, de logements, d'écoles et d'hôpitaux, et la technologie est un luxe. Serait-il imaginable que nous continuions (« nous » étant les pays industrialisés) de fonctionner, de faire rouler nos entreprises, nos vies ! sans un téléphone, un cellulaire, un télécopieur, Internet, un Blackberry, un téléavertisseur, et quoi d'autre encore ? C'est pourtant ce que certains attendent de l'Afrique. Instruisez-vous ! Parlez-vous ! Développez-vous ! Sans téléphone ? Sans COMMUNIQUER ? Mais c'est impossible ! C'est en créant de la nouvelle technologie et en investissant dans les télécommunications que l'Afrique pourra faire partie du courant de la mondialisation, se développer, prospérer.

La technologie (surtout en Afrique) permet l'accès à l'information. L'accès à l'information, c'est l'accès au savoir, et le savoir, c'est le pouvoir. *Pouvoir* faire partie du monde est le rêve des Africains. La technologie permet de changer la façon

9. Population d'Afrique du Sud : Noirs, 79 % ; Blancs, 9,6 % ; Métis, 8,9 % ; Indiens, 2,5 %.

de gérer la vie. Par exemple, le « *E-Government* » (le meilleur exemple au Canada est celui du Nouveau-Brunswick) permet au citoyen d'interagir avec différents services et départements gouvernementaux. La *télémédecine* permet l'accès à des soins de santé qui, autrement, n'existeraient pas. Le *téléenseignement* règle les problèmes de transport ou de garderie. Les *télécentres* permettent à la population d'accéder aux ordinateurs, téléphones et tous les autres services des nouvelles technologies de l'information.

L'accès local à Internet est désormais disponible dans chacune des grandes villes des cinquante-quatre pays et territoires du continent africain, beaucoup, justement, *via* les télécentres. Et si vingt-quatre pays en Afrique subsaharienne ont connu des croissances de plus de 5 % en 2003, ce n'est pas étranger au fait que la population a de plus en plus accès aux nouvelles technologies.

La mondialisation ne peut pas se faire sans la technologie. Elle ne peut pas non plus se faire sans l'Afrique. Les nouvelles technologies de l'information doivent être le moteur du développement en Afrique. Soixante-dix pour cent de la population africaine a moins de vingt ans. Cette formidable masse de jeunes doit impérativement s'appuyer sur les nouvelles technologies pour joindre et suivre le courant mondial.

CHAPITRE 34

Bonne décision

Le 7 août 2005, je dis au revoir au Québec. Toute la journée, une cinquantaine d'amis entrent et sortent chez moi pour lever leur verre à, hélas, un autre départ de Lucie Pagé. Jay est resté tout le mois de juillet avec nous à faire des boîtes, à les empiler dans le sous-sol de la maison du quartier Rosemont, à changer de chambre, celle que je loue, à y installer le nécessaire pour mes visites au Québec – ligne téléphonique et Internet, imprimante, télécopieur, lit, télé, radio, quelques photos. De l'encens. Et un Nataraja.

Kami, Shanti et Léandre passent du temps ensemble, malgré le travail chez Provigo de Léandre et les camps d'été des jeunes. Jay et moi installons tranquillement Léandre dans son appartement avec deux autres amis de son âge. Trois dans un trois pièces et demie. *Welcome to life, my son.* Ma mère coud des rideaux, et Jay perce des trous pour les pendre dans le salon, là où se niche la chambre de Léandre. Quand le matelas de Léandre sort de la maison, je pleure à chaudes larmes. Il ne couchera plus à la maison. Parti. Nouvelle étape de vie entre mon fils et moi. Nouvelle vie pour lui. Je lui donne cent conseils, certains répétés dix fois. Il est gentil, il écoute et hoche la tête. Parfois, il rit et dit : « Arrête, maman ! »

Et c'est à ce moment précis que s'écrit le prologue de ce livre. Alors que Léandre est bien installé, que toutes mes affaires sont emballées, que le *party* est fini, que ma mère est rentrée chez elle, après une longue et solide étreinte. Je lui ai dit que j'avais mal de la laisser, et de laisser Léandre. Elle m'a dit qu'elle sait ce que sont les au revoir avec un enfant, car elle en a une qui passe son temps à partir. Elle ajouta : « Léandre reviendra auprès de toi. »

En embrassant Léandre, en le serrant, en avalant mes larmes, *Mon Afrique* défile dans ma tête, et je revois ce petit bonhomme de quatre ans qui commençait toute une vie avec une telle maman à l'autre bout du monde…

Comme je l'ai déjà écrit dans *Mon Afrique* : « Je pars avec Jay. Il n'y a pas de mots pour exprimer mon bonheur. Je pars sans Léandre. Il n'y a pas de mots pour exprimer ma douleur. » La vie n'est pas toute noire ou toute blanche. L'échec de l'apartheid l'a prouvé.

Je suis de retour en Afrique du Sud pour y résider « un petit bout ». Certains m'accueillent en disant : « Enfin, tu es de retour à la maison. (*home*) » Cela ne me choque plus. Je ne fais que répondre : « À l'une de mes maisons, parce que, à Montréal, au Québec, c'est ma maison, mon chez-moi, et ça le sera toujours ! » Je le dis avec le sourire, mais avec une fermeté sans condition dans ma voix. Personne ne rétorque. Jay non plus, d'ailleurs. Lorsqu'on me demande si je reviens « pour de bon », je réponds toujours que, dans ma vie, il n'y a pas de « pour de bon ». J'ai dit à Jay que je prendrais ma vie une année scolaire à la fois, mais qu'évidemment, nous planifierons notre vie ensemble pour les prochaines années à venir. Cela implique beaucoup de discussions, énormément de temps à se parler, de nos vies, de nos buts et désirs, des enfants, de nos sociétés. Jay et moi avons d'interminables conversations.

Je suis heureuse d'être ici. J'ai travaillé fort pour être heureuse. Je passe deux semaines à organiser mon bureau tout en travaillant pour Radio-Canada, les nouvelles, *Indicatif Présent* avec l'animatrice Marie-France Bazzo, quelques petits trucs pour *C'est bien meilleur le matin,* avec l'animateur René-Homier Roy. Toutes ces émissions me manquent, mais avec Internet, je peux les écouter de temps à autre tout en travaillant. J'écris pour quelques revues dont *L'actualité, La voix du succès,* l'hebdomadaire Internet *Journal Mir,* qui n'aura survécu que six mois, et parfois pour le quotidien *La Presse.* Et enfin dernière tâche, mais non la moindre, je m'attaque à ce livre, *Notre Afrique,* une mission que je me suis donnée, pour répondre à toutes les questions que l'on continue toujours de me poser, cinq ans après la sortie de *Mon Afrique.*

Kami et Shanti ont commencé l'école, et tout va bien. Kami est habitué, mais Shanti redécouvre l'école française. Véritable éponge, elle s'adapte assez facilement n'importe où. Kami et Shanti passent tout leur temps ensemble, jouent et rient ensemble. Rosie – la nounou –, Gogo pour les enfants, est ravie d'avoir plein de monde dans la maison. Elle préfère plein de ménage, du bruit et de l'effervescence qu'une maison vide. Elle chante et rit sans arrêt. Shanti l'adore. Kami aussi.

Jay va bien et travaille fort, comme d'habitude, mais est très heureux de nous avoir ici. À présent, nous avons établi une règle : il ne travaille pas les fins de semaine (et moi non plus), à moins d'un cas de force majeure. En quinze ans, je n'ai jamais eu mon mari à la maison les fins de semaine. Durant les années quatre-vingt-dix, il changeait un pays. Après, j'étais au Québec. Entre les deux, j'ai passé une année d'enfer à Johannesburg : il trouvait toutes les excuses possibles pour travailler les samedis et dimanches, et moi, je l'encourageais…

Pour la première fois en quinze ans, nous avons eu une vie de famille « normale ». Bien sûr, Léandre est au Québec où il étudie à l'université de Montréal. À dix-neuf ans, il vole de ses propres ailes. J'ai fait ce que je pouvais pour lui. La maison est superbe : Jay a tout arrangé, tout décoré, c'est vraiment très beau. Il a du goût.

Le seul problème est qu'elle ne comporte qu'une minuscule chambre pour Rosie, et une terriblement déprimante salle de bain. Nous avons demandé à la municipalité un permis pour rajouter une pièce, mais notre requête a été refusée. Cela briserait l'harmonie du quartier. À cinquante-trois ans, Rosie doit donc apprendre à vivre dans une petite chambre cimentée presque lugubre, malgré le grand nettoyage, le nouveau tapis et la peinture fraîche. À cet âge, au Québec, ailleurs dans le monde occidental, on améliore son confort personnel, on a un chalet, un lit plus douillet, un pouf pour les pieds parce qu'on a travaillé toute sa vie. On se prépare pour se la couler douce, à cinquante-trois ans…

À la suite du déménagement dans la nouvelle maison, durant les premiers mois, Rosie se plaignait de ceci ou de cela, du manque de lumière, du bruit de la rue. Un jour, Jay a explosé. « ASSEZ ! » C'était la vie, c'était ainsi. On habitait ici, et il n'y avait aucun moyen d'y changer quoi que ce soit. J'ai compris la douleur de Rosie. Comme j'ai compris la colère et la frustration de Jay. À cinquante ans, lui qui a consacré sa vie à changer le pays se sentait frustré de ne pas pouvoir tout changer, tout d'un coup. Les dégâts d'un système qui a privé des dizaines de millions de personnes d'avoir les mêmes droits que les Blancs sont terribles. Tout ça à cause de la peau noire.

Rosie est heureuse de me voir ici, dit-elle. Elle a lu mon livre *Conflict of the Heart*. Elle me comprend, dit-elle. Parfois, nous parlons du bonheur. Des petits bonheurs d'écouter une pièce musicale à la radio. Ou des grands bonheurs : pour moi, ce fut de couvrir l'ère Mandela en tant que journaliste, un bonheur étalé sur dix ans. Le bonheur d'avoir des enfants, d'attendre son amoureux après deux mois d'absence. Aujourd'hui, c'est le bonheur de vivre avec lui et de passer les fins de semaine en famille. Et Rosie répond que nous (notre famille) sommes son bonheur.

Pour Rosie, le bonheur, c'est aussi de pouvoir parler, de voir ses enfants tous les deux ou trois mois, de vivre avec une famille qui la respecte et avec qui elle vit sur le même pied d'égalité. Elle se dit contente de voir les transformations de la société, même si elles ne sont pas encore toutes terminées. Le bonheur de Rosie, c'est d'avoir un nom et un pouvoir dans son pays. On ne l'appelle plus *kaffir* (sale nègre). Elle a un nom pour voter, dit-elle.

Les noms sont importants pour Rosie. Elle a toutefois fait la moue lorsque je suis arrivée avec mes sacs de produits Sans nom.

— Ce n'est pas du Skip, m'a-t-elle dit.

— C'est la même chose, ai-je répondu. C'est du détergent à lessive.

— Mais c'est pas du Skip, c'est du No Name.

— Même chose.

— Non. Le No Name, ce n'est pas comme le Skip.

Pourquoi ne pas choisir le Sans nom, surtout pour ces produits ? Rosie secoue la tête. Elle est née en 1952, quatre ans après l'arrivée au pouvoir du régime de l'apartheid. Elle est née Noire, une Sans nom, sauf sous la marque générique de *kaffir*. Elle a passé la majorité de sa vie sans nom pour voter, sans nom pour s'éduquer, sans nom lorsque ses enfants sont nés, sans nom dans la rue, dans les parcs, dans les restaurants et les cafés, occupés par les Blancs, les « Choix du Président ». J'ai soudain compris que Rosie n'achètera jamais un produit sans nom, parce que c'est ce qu'elle a été, une No Name, presque toute sa vie.

Rosie avait très hâte que je revienne vivre en Afrique du Sud, car la vie avec un homme occupé et son fils quasi-adolescent accaparait presque tout son temps. Elle me disait : « Ces hommes ont besoin d'une femme à la maison, d'une mère et d'une épouse. »

Presque tous les jours, Jay répète qu'il est heureux, qu'il se sent en paix, enfin.

— N'y a-t-il pas un plus pur bonheur, me demande-t-il, que celui d'être bien, chez soi, d'avoir hâte d'y arriver et de passer le plus de temps possible avec les gens qui y habitent ?

Et moi, je suis bien en Afrique du Sud même si, toujours, je m'ennuie de ma culture maternelle, le Québec, parfois plus douloureusement. Mais comme j'ai enfin accepté la situation et mon destin, l'eau est calme, agréable, veloutée.

À présent, le Québec et l'Afrique du Sud forment un seul continent en moi et sont indissociables.

CHAPITRE 35

Après le miracle, la réalité

Onze ans après les premières élections multiraciales et démocratiques de l'histoire du pays, on me demande souvent : « Qu'est-ce qui a vraiment changé en Afrique du Sud ? »

Voici une scène pour illustrer ma réponse. Je suis allée chez Makro l'autre jour – l'équivalent de Costco chez nous, ces immenses magasins. En Afrique du Sud, depuis des années, des décennies même, le décor est le même. Les préposés aux stationnements sont des Noirs. Ils dirigent les voitures, des engins qu'ils n'ont jamais conduits, vous accueillent lorsque vous ouvrez votre portière et vous font savoir qu'ils surveilleront votre voiture le temps de vos achats ou de votre rendez-vous, que ce soit pour deux minutes ou pour deux heures. Au retour, vous leur glissez une pièce de deux rands (quarante sous) dans la paume en guise de remerciement pour leur « travail ». Ce jour-là, un Noir a glissé une pièce de monnaie dans la main d'un Blanc, un Noir est monté au volant de sa voiture, un Noir a remercié un Blanc pour avoir surveillé sa voiture. Plusieurs têtes se sont tournées, des gens sont restés bouche bée. Il y a eu des sourires, des remarques. Du jamais vu.

Certes, les riches sont encore majoritairement blancs, et les pauvres sont encore noirs. Mais beaucoup de choses ont changé.

Un soir, à dix-huit heures, ma ligne téléphonique ne fonctionne plus. J'appelle Telkom, la compagnie nationale de téléphone. Le lendemain matin, du jamais vu, un camion de Telkom arrive dans mon entrée. Une femme noire est au volant. Du jamais vu. Elle descend avec sa mallette et son ordinateur. Elle a tout réparé en une demi-heure. « C'est la première fois que je rencontre une femme noire technicienne de Telkom », lui ai-je dit. Elle a ri. « Habituez-vous, quand j'ai pris les cours au collège technique, les classes étaient remplies de femmes noires. »

Même changement dans le secteur de la santé. Ayant une infection à l'œil, je pars à l'urgence d'une clinique. Lorsque vient mon tour, une infirmière – une femme noire (jusque-là, tout est normal) m'ausculte, prend ma température et ma tension. « Le médecin sera avec vous dans quelques minutes », dit-elle. Deux minutes plus tard, le médecin, une femme noire, du jamais vu, entre. Je lui indique ma surprise de voir une femme noire médecin. « Habituez-vous. Il y avait pas mal de femmes noires dans mes cours à l'université. »

Je me suis inscrite au centre de conditionnement physique de mon quartier. À l'accueil, c'est une femme noire, du jamais vu, qui m'inscrit et me fait passer un court examen médical. On m'assigne un entraîneur pour établir mon programme d'activités selon mes buts et mes goûts. C'est un homme noir qui arrive. Du rarement vu. Au début des années quatre-vingt-dix, j'ai tenté, pendant des années, de convaincre Jay de s'inscrire avec moi. Il refusait toujours, prétextant qu'il ne voulait pas être le seul Noir à faire de l'exercice. Aujourd'hui, les pieds qui pédalent, les jambes qui courent et les bras qui soulèvent les poids et haltères reflètent les couleurs du pays : Noirs, Blancs, Indiens et Métis se côtoient sans heurts, s'entraînent, ensemble, à développer ce nouveau pays.

Je suis allée à l'église catholique au coin de chez moi, dimanche passé. Il y a quatre ou cinq ans seulement, les seuls Noirs sous ce toit étaient les hommes et les femmes de ménage.

Aujourd'hui, l'église Our-Lady-of-Lourdes, à Rivonia, accueille les fidèles de toutes origines et races, qui prient, communient et se repentent ensemble. Du jamais vu.

Dans les restaurants, ce sont désormais des Noirs qui prennent les commandes et servent. Dans les banques, les caissiers et les caissières sont, aussi, de couleur noire. Dans les bars et les clubs, Noirs et Blancs, femmes et hommes boivent, chantent, parlent, rient ensemble. Dans les cours d'école, les Noirs et les Blancs, garçons et filles, vont bras dessus, bras dessous, comme si l'apartheid avait été une invention de leurs parents.

Au Zimbabwe, pays voisin qui a acquis son indépendance en 1980, ces scènes n'existent pas. Les races ne se mêlent pas. La magie n'existe pas.

En Afrique du Sud, ce qui a changé ? Tout. Même s'il reste beaucoup à faire, l'important s'accomplit tous les jours sous les yeux de tous. Dans ces moments presque quotidiens où l'on se dit : « C'est du jamais vu. »

CHAPITRE 36

Reservoir Hills

Le passage de l'an 2005 à 2006, nous l'avons fêté chez Dimes et Logie, sœur et frère de Jay qui habitent à un kilomètre l'un de l'autre dans le quartier où ils ont tous grandi, celui de Reservoir Hills, à Durban. Reservoir, pour l'immense réservoir d'eau en haut de la colline, et Hills parce que, arpenter le quartier, c'est monter et descendre à pic dans des petites rues zigzaguant à travers les flancs et les gorges. L'odeur de freins qui surchauffent flotte régulièrement dans ce décor qui sent aussi l'encens et tout ce qu'il y a de plus oriental en Afrique du Sud. C'est ici que les lois de l'apartheid ont entassé les Indiens, en mesurant, je crois, la superficie à l'horizontal pour tous les accommoder. Mais les Indiens, c'est connu, s'adaptent à tout décor, ou à peu près, et ces maîtres des sciences et de l'architecture ont construit des maisons à plusieurs niveaux, comme chez Dimes, pour épouser la forme de la colline. Certaines demeures pendent majestueusement, mais à en donner la frousse tant elles sont alignées avec le flanc de la montagne, les barreaux des balcons superbement sculptés de designs orientaux servant de garde-fous pour éviter les chutes dans le ravin. En passant dans certaines rues, il est possible de voir, à gauche, les toits des maisons, à droite, une entrée escarpée pour accéder à celles-ci. Quand un nouveau venu – comme la *blonde* de Léandre, Élise Anne – nous accompagne en voiture dans les rues de Reservoir Hills, les enfants racontent l'histoire de Jay, enfant, pour la centième fois. Jay descendait la rue Shannon Drive, où habite Logie aujourd'hui, à pleine vitesse avec un kart fait maison de planches de bois, de roues et de cordes pour la direction. Pas de freins. Kami ajoute toujours pour conclure : « Et sa maman se fâchait parce qu'il utilisait sa seule paire de souliers pour freiner. » L'effet est immédiat, facile à imaginer : le kart a volé dans les airs. Alors les enfants se collent le nez sur la vitre, les yeux rivés vers le bas pour tenter d'apercevoir le fond du ravin. Impossible.

En ce soir du 31 décembre 2005, je fais de profonds vœux, sur la colline de Reservoir Hills, entourée des miens : Léandre, serein et heureux, avec l'amour de sa vie, Élise Anne, qu'il me ferait plaisir d'avoir comme belle-fille pour le restant de mes jours, Kami, mon bâton de dynamite, entêté, persévérant et vif, et ma petite Shanti qui flotte dans la vie comme sur un nuage, en rigolant tout le temps. Qui tient de qui ? Et Jay, que je retrouve : celui que j'aimais est revenu avec son sourire, son optimisme, sa passion, et un nouveau calme, identique au mien, qui reflète l'acceptation de notre destin. Nous levons notre verre au futur, mais aussi à l'aboutissement d'un grand voyage houleux duquel nous émergeons. Et avons survécu. Nous sommes plus soudés que jamais. Un nouveau bonheur nous habite.

À minuit pile, le 1er janvier 2006, une pluie de feux d'artifices explose de partout, d'aussi loin que nos regards se portent. De l'autre côté de la vallée, la vie s'est étendue. Il y a quinze ans, le vert et la forêt couvraient ces flancs de montagne. Ils sont maintenant tapissés de petites maisons qui crachent ce soir de la couleur et des lumières dans le ciel. La nuit crépite, bruyante comme un étang rempli de grenouilles et de ouaouarons en fête.

— Jamais nous n'avons vu autant d'enthousiasme, d'optimisme, de raisons pour fêter, dit Logie, le frère de Jay, étonné devant sa propre vallée qu'il mire depuis cinquante-deux ans.

— Notre société change. Elle commence à s'amuser, ajoute Vasen, le mari de Dimes.

Régulièrement, je reçois des projets de jeunes journalistes ou apprentis cinéastes qui veulent venir tourner « sur la violence ». Mais de quelle violence parle-t-on ? Ou des « conflits et frictions » entre Blancs et Noirs, sur les Métis qui sont perdus et sur les Indiens qui… très souvent, on ne sait même pas qu'il y en a. L'apartheid a tant fasciné, et fascine toujours. Mais il est temps de passer à autre chose, et cette vallée de Reservoir Hills ce soir qui éclate de plaisir témoigne de la nouvelle histoire qui attend son tour d'être racontée.

CHAPITRE 37

La nouvelle Afrique du Sud

La nouvelle histoire du pays se raconte par les touristes et par les changements qu'ils provoquent. Inversement, les changements positifs accomplis en Afrique du Sud ont ouvert la porte au tourisme.

Jusqu'à il y a dix ans, la vie du pays avait essentiellement lieu à l'intérieur : des édifices, des maisons, des murs, des centres. Aujourd'hui, les rues sont bordées de terrasses et de cafés. Partout, dans tous les quartiers, dans à peu près toutes les villes du pays, on a choisi quelques rues pour installer des tables et des chaises sur les trottoirs, des décorations, des statues, des auvents, des chaufferettes au propane, comme à Paris, pour les frais, parfois froids, soirs d'hiver sur les hauts plateaux de Johannesburg, ou encore un ensemble de tuyaux discrets crachant un fin nuage de vapeur d'eau pour les nuits trop chaudes.

Les marchés explosent, tant du côté du nombre d'exposants et d'artisans que de celui de la variété des produits offerts, toujours plus originaux, pour satisfaire cette nouvelle horde de touristes qui choisissent de plus en plus l'Afrique du Sud, première destination touristique du continent africain. La France, l'Espagne et les États-Unis, dans l'ordre, sont les trois destinations touristiques favorites au monde ; le Canada se retrouve au onzième rang, à la fois comme destination touristique mondiale et comme peuple qui visite l'Afrique du Sud.

Lors d'une étude exhaustive effectuée pour le ministère du Tourisme du gouvernement sud-africain, on a demandé aux touristes de 2004 quelle avait été l'expérience la plus négative lors de leur séjour dans le pays. Les trois quarts (75,8 %) ont répondu qu'ils n'ont eu *aucune* expérience négative ! (Annexe 1) Dans l'ensemble, 89 % des touristes se sont dits satisfaits de leur voyage. (Annexe 2)

Il est fascinant d'analyser le tableau de la croissance touristique en Afrique du Sud. (Annexe 3) Avant la libération de Nelson Mandela, le tourisme était un long et très plat plateau (pléonasme voulu). Pendant des décennies, on comptait quelques dizaines de milliers de « touristes » par année, la majorité venant visiter la famille ou brasser des affaires ; très peu étaient des touristes conventionnels, qui venaient découvrir le pays. L'année de la libération de Nelson Mandela en 1990 (11 février), le tourisme a fait un bond pour atteindre près de huit cent mille visiteurs. Deux ans plus tard, lors de la levée des sanctions, le nombre de visiteurs a quadruplé. Et aux premières élections démocratiques en 1994, 3,5 millions de personnes visitaient le pays. Après le 11 septembre 2001, ce bout-ci de planète semblait peut-être éloigné, et donc protégé des menaces, car six millions de personnes ont choisi l'Afrique du Sud comme destination. Aujourd'hui, près de sept millions de touristes, l'équivalent de la population du Québec, visitent le pays chaque année. Il y a donc une forte corrélation entre la stabilité politique et la croissance touristique.

En 1994, le nouveau gouvernement hérita d'un pays aux coffres vides et a vu dans le tourisme – la première activité économique dans le monde – une industrie créatrice d'emplois, d'infrastructures (routes, aéroports, hôtels, hôpitaux) permettant à la partie de la population qu'elle emploie de sortir de la pauvreté. En 2004, les touristes ont dépensé dix milliards de dollars. Pour la première fois de l'histoire du pays, l'industrie touristique est devenue la troisième plus importante source de devises étrangères

(8,2 % du produit intérieur brut). En termes concrets, c'est un demi-million d'emplois créés par les attraits de l'Afrique du Sud. Et ils sont nombreux.

La curiosité sociale, dans ce pays synonyme de « Magie Mandela », est un attrait puissant. Nelson Mandela et les acteurs de l'apartheid sont vivants. Les victimes qui ont survécu parlent et rient, développent et construisent ensemble. Blancs et Noirs, prisonniers politiques au Parlement et anciens membres du gouvernement en prison, torturés et tortionnaires autour des mêmes tables de négociations : les exemples de contrastes sont infinis. Ceux qui viennent ici sont attirés par ce « miracle » politique, toujours en vie. Le dénouement politique de 1994 est une exception sur le continent africain, et dans le monde. Tranquillement, les digues sociales s'ouvrent, et les touristes peuvent pénétrer dans un univers encore chaud, où le cœur de l'apartheid bat (faiblement, mais bat) toujours au sein d'un nouveau pays, dont le cœur, lui, bat fort et solidement.

En janvier 2006, j'amène Léandre et sa copine Élise Anne à Soweto pour visiter le musée Hector-Peterson (Hector est le premier enfant tué lors du soulèvement de Soweto en 1976, lorsque les étudiants se sont révoltés contre l'imposition de l'afrikaans comme langue d'enseignement à l'école) et la maison où a vécu Mandela dans les années cinquante et début soixante. Je n'y étais pas retournée depuis deux ans. La scène me renverse : une rangée d'autobus de luxe remplis de touristes de partout dans le monde, un magasin directement en face de la maison, une boutique pour cellulaires ou pour téléphoner, un photographe, une cinquantaine d'artistes installés sur le bord de la rue pour vendre leurs objets d'art et d'artisanat fabriqués quelque part à Soweto ou dans une région rurale par un membre de la famille. J'ai même vu une femme assise, sa grande robe formant une vallée entre ses jambes remplie de milliers de minuscules perles de toutes les couleurs, en train de fabriquer à une vitesse surprenante avec son aiguille et son fil une poupée ou un collier. Une nouvelle économie se met en place : les Noirs sont maintenant acteurs. D'ailleurs, la classe moyenne noire s'élargit.

En 1994, 29 % de la classe moyenne était noire. Aujourd'hui, elle est de 50 %. Dans les cinq dernières années, il y a eu une augmentation de 700 % d'achat de maisons par les Noirs dans les banlieues autrefois blanches de Johannesburg. Et 31 % des voitures neuves sont achetées par les Noirs, comparativement à 11 %, il y a douze ans. Aussi, sur le plan du tourisme national, les Noirs visitent enfin leur propre pays et les sites touristiques habituellement et historiquement réservés aux Blancs.

Robben Island est une destination très populaire parmi la population noire du pays. Tout le monde veut voir où le leader qu'ils ont soutenu et élu a passé dix-huit de ses vingt-sept années d'emprisonnement. Autre point fascinant de cette île-musée : les guides touristiques sont d'anciens prisonniers politiques de l'île. Ils en connaissent tous les recoins et peuvent décrire l'atmosphère qui a régné entre ses murs et derrière ses barreaux.

L'histoire vivante de l'Afrique du Sud est un attrait touristique, et un atout économique et social pour le pays. Plus les touristes viennent, plus ceux qui développent, produisent, travaillent et vivent d'un revenu lié au tourisme deviennent de fervents acteurs sociaux pour ralentir le crime, encore (trop) élevé dans le pays.

Plus de 80 % des touristes sont des gens qui habitent le continent africain. L'Afrique du Sud est un exemple de réussite pour les autres Africains : on dit même – et je ne suis pas certaine que ce soit une bonne chose – que l'Afrique du Sud est devenue l'Occident du continent. Ici, on vient faire les magasins et acheter : or, diamants, bijoux, vêtements, biens et meubles qu'on ramène ailleurs en Afrique.

Malgré ses nouvelles lois sévères voulant protéger l'environnement, l'Afrique du Sud développe un réseau touristique solide et souvent en harmonie évidente avec sa flore et sa faune environnantes que les dirigeants ont intérêt à protéger, parce qu'elles constituent de formidables et puissants attraits. Par contre, en janvier 2006, une nouvelle accablante a ébranlé le monde de la faune, de la conservation de la nature et de l'industrie touristique. Le lion, le symbole de la faune africaine, le « roi de la jungle », serait devenu une espèce menacée. On en estime le nombre sur la planète entre vingt-trois mille et trente-neuf mille. En Afrique de l'Ouest, il n'en reste plus que mille cinq cents. En Afrique centrale, à certains endroits, 90 % de la population de lions a disparu. En vingt ans, on a perdu l'équivalent, ou à peu près, de ce qu'il reste aujourd'hui !

Un safari n'est jamais totalement réussi tant qu'on n'a pas vu un lion, même si on a aperçu des antilopes, des éléphants, un rhinocéros peut-être, un hippopotame si on est très chanceux. Mais il est possible d'aller au Lion Park, à une heure de Johannesburg : ce centre « récupère » les lions malades, abandonnés et affamés, et les réhabilite. Il est même possible d'y caresser un bébé lion. On fait la queue pour passer quelques minutes avec ces mignons félins. En somme, la faune est d'une richesse incommensurable pour l'Afrique du Sud. De là les lois sévères pour protéger les parcs nationaux déjà existants, pour en créer d'autres, pour gérer la faune sur un territoire contrôlé par l'homme. Les safaris sont un attrait touristique important, qu'ils aient lieu en jeep, à pied, à cheval, en voiture, en 4 × 4.

L'Afrique du Sud se situe aussi au premier rang africain pour ses loisirs sportifs. C'est un paradis pour le golf, le tennis, l'équitation, le rafting, le surf, le saut à l'élastique (*bungee-jumping*), le vélo de montagne, la pêche en haute mer, le parapente, la randonnée pédestre en montagne – pour aller contempler les peintures millénaires dans les cavernes – ou au bord de la mer, avec ses trois mille kilomètres de côte. Le pays attire des ornithologues du monde entier avec ses milliers de sortes d'oiseaux ; d'autres touristes viennent observer les baleines, les phoques ou les pingouins. Certains sont aussi attirés par l'expérience de la survie dans la brousse ou le désert.

On peut également visiter des sites archéologiques importants, comme le centre *Cradle of Human Kind,* du Patrimoine mondial, le berceau de l'humanité, un musée, intérieur et en « plein air » dans une région de 47 000 hectares, la région la plus riche au monde pour les fossiles humains.

Puis, des amateurs de vins parcourent la route des vins qui sillonne les singulières montagnes aux toits plats, près du Cap. D'ailleurs, ces montagnes sont parmi les favorites au monde pour des amateurs de parapente !

La musique, le théâtre et la danse, des secteurs qui vibrent exponentiellement dans le monde entier, et au pays, bénéficient d'un nouveau bassin multiracial de talent, des gens passionnés qu'on découvre et dont on développe le talent. L'industrie du cinéma aussi explose. *Tsotsi* a gagné l'Oscar du meilleur film étranger en 2006. Et le pays attire le tournage de films qui se passent ailleurs, comme *Lord of War* avec Nicolas Cage et Ethan Hawke, au sujet de la vente d'armes internationale. Pour ce film, on a créé au Cap trente-neuf plateaux de tournage pour représenter des lieux aussi divers que l'Afghanistan, Cuba et la Sierra Leone.

On parle ouvertement de créer un nouvel Hollywood sur le continent africain. Le potentiel est là.

À cause de son infrastructure de communications sophistiquée et fiable, l'Afrique du Sud est le pays de choix en Afrique pour les conférences et les réunions d'affaires. Cent conférences internationales par année et cent mille autres conférences et événements attirent près de quatorze millions de personnes. Et ce touriste d'affaires dépense.

Voilà l'autre côté de la médaille de la réalité sud-africaine.

ANNEXE 1

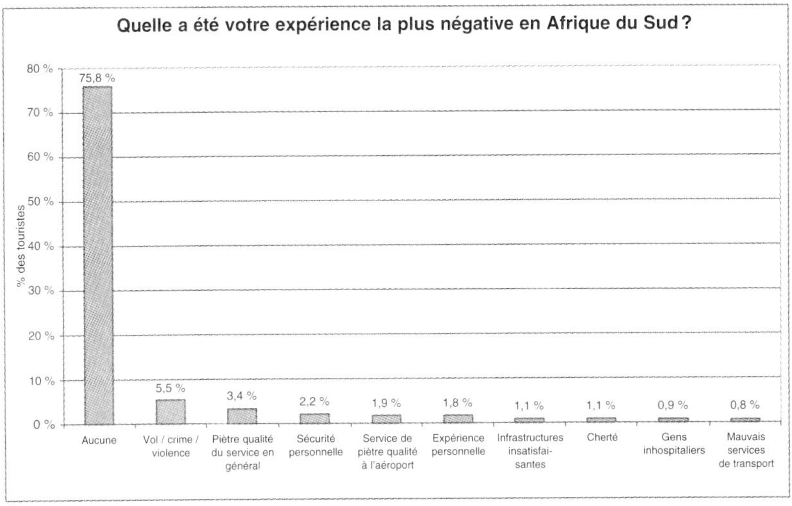

Rapport sur le tourisme, 2004
Tourisme sud-africain – *Unité de recherche stratégique*
Rapport annuel v. 12 12082005

ANNEXE 2

Le principal atout pour les touristes ayant visité l'Afrique du Sud en 2004 était la « beauté des paysages » (21,2 %). La faune, les réserves fauniques et l'hospitalité (et la gentillesse) des habitants figurent aussi parmi les expériences les plus positives mentionnées par les touristes. Soixante-quinze pour cent des touristes n'ont pas eu à se plaindre de quelque acte illicite ni de service de mauvaise qualité, et n'ont pas connu d'expérience négative au cours de leur séjour.

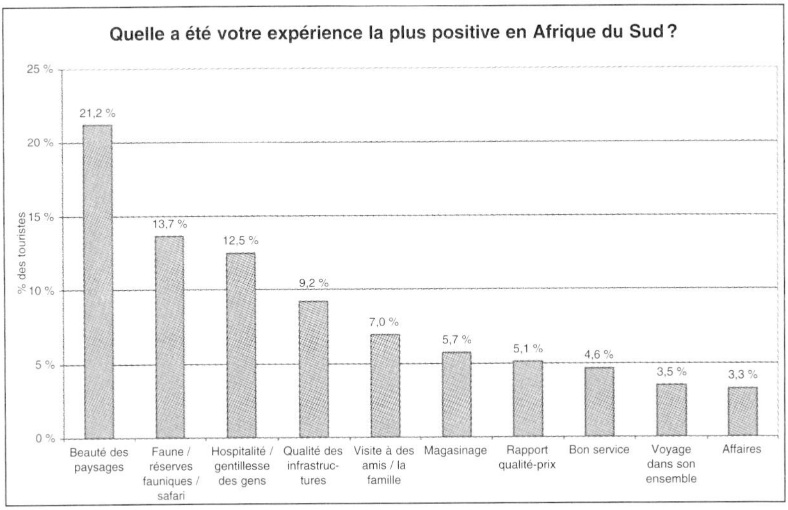

ANNEXE 3

En 2004, l'Afrique du Sud a enregistré le plus grand nombre d'arrivées de touristes depuis que ces données sont mesurées. Les 6 677 839 touristes au pays en 2004 représentaient une hausse de 2,66 % par rapport à 2003. Pour la troisième année consécutive, on enregistrait une augmentation en 2004, et le taux composé de croissance de 2001 à 2004 atteignait 4,9 %.

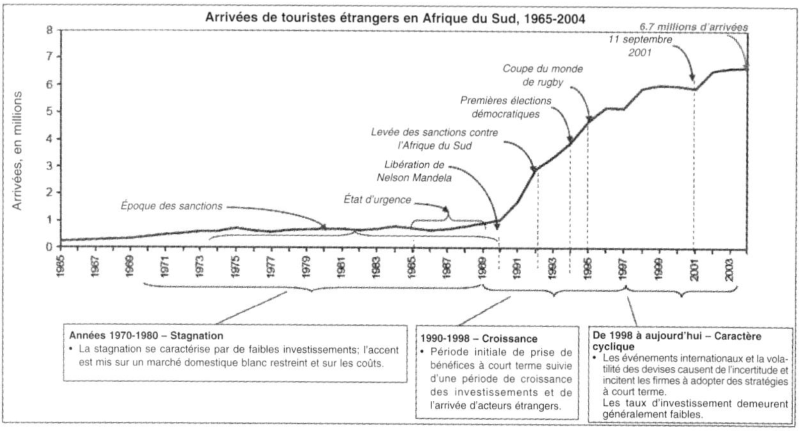

CHAPITRE 38

L'Afrique, le continent qui dérange

Nous avons tous, ou presque, dans nos familles un « mononcle » (ou une « matante ») pessimiste, morose, qui voit perpétuellement tout à travers les yeux d'un condamné à mort. Exaspérant. Insupportable. Le mononcle qu'on n'écoute plus, dont on ne veut plus rien savoir. On en a assez, des histoires glauques. Même si elles sont vraies.

Appelons notre mononcle en question « Occident ». Chaque fois que Mononcle Occident parle de l'Afrique, c'est noir, sordide et sinistre. Exaspérant. Insupportable. On ne l'écoute plus. On ne veut plus rien savoir de lui. On en a assez, des histoires glauques. Même si elles sont vraies.

Prenons l'exemple suivant : tous les jours, dans les journaux du Québec, parmi tout ce qui y est écrit, on raconte des histoires sombres et tristes. Or, si on enlevait toutes les bonnes nouvelles publiées et qu'on gardait seulement les histoires noires, on pourrait, sans trop d'effort – surtout si la planète entière s'y mettait –, changer l'image du Québec et rendre ce coin de pays noir, morose, pauvre, laid, corrompu, violent. La planète ne voudrait plus rien savoir du Québec. C'est ce qu'on fait avec l'Afrique. On s'acharne sur le continent africain comme un vautour sur sa proie. Les médias – en général – provoquent un dangereux miasme social qui lève le cœur, qui exaspère, qui agace et excède. Les morts qui ne font que changer de nom deviennent insignifiants et insupportables, peu importe la raison pour laquelle ils meurent, peu importe leur nombre.

C'est vrai, au Niger, on meurt de faim. Au Soudan, on tue. En Sierra Leone, on apprend à tuer. En Angola, on pille. En Afrique du Sud, on viole. Au Mali, on survit. En Égypte...ah oui ? L'Égypte est en Afrique ? Au Nigeria, on se drogue. Au Kenya, on se vole. Au Rwanda, on pleure. Au Zimbabwe, on bafoue. Au Congo, on oublie. Au Mozambique, on se souvient. Au Burkina Faso, on excise. En Libye, on exige. Au Burundi, on mutile. Hier, le sang coulait. Demain, il coulera. N'en parlons plus. À la place, enfouissons nos pièces de monnaie – avec notre culpabilité – dans des boîtes de conserve décorées depuis des décennies de la même façon – petit ventre bedonnant, nez qui coule, yeux tristes, tout pour plaire et pour donner raison à Mononcle – sur le comptoir des magasins, à côté des appareils photo jetables et des bonbons à la tartrazine. Il ne faut pas grand-chose pour changer la couleur de la réalité, ou de la conscience, surtout collective.

Céline Dion, star internationale, n'a jamais mis les pieds sur une scène africaine. Et pourtant, les Africains l'écoutent et la chantent. L'Afrique du Sud lui a même décerné le prix South African Music Award pour son album *Let's Talk About Love*. Mais on continue de dire qu'elle a fait le tour du monde, qu'elle a été *partout*. C'est Mononcle Occident qui dit ça, oubliant un continent, cinquante-quatre pays, huit cent cinquante millions de personnes ! *Partout*, sans l'Afrique, ça reste partout : c'est le monde, la planète. *Partout*, sans l'Europe par exemple, c'est une grosse partie du monde qui manque. Ce n'est pas *partout*. Si Céline n'avait jamais mis les pieds en Europe, Mononcle dirait-il *partout* ?

Le logo des Jeux olympiques, avec ses cinq anneaux, représente les cinq continents. On a eu cent huit ans pour se pratiquer, cent huit ans pour rendre honneur au logo. Et si les Jeux olympiques avaient été *partout*, sauf en Amérique, ferait-on quelque chose pour changer la situation ? Mononcle s'indignerait-il ?

Dans les pages de la météo des journaux du Québec, dans la section « Le monde », l'arrogance va loin : pas une ville des cinquante-quatre pays du continent africain n'est listée. Le monde ? Quel monde ?

Et si on parlait des succès de l'Afrique ? Des belles histoires, des triomphes, des victoires, des réussites, de ceux qui chantent, de celles qui dansent, des entreprises qu'on crée, des économies qui galopent, de la technologie qui change et qui sauve des vies, des projets dont les résultats en matière d'environnement dépassent largement les résolutions de Kyoto, des artistes qui créent, des générations qui évoluent, des politiques qui mûrissent, des traditions qui enrichissent, des richesses de l'être, des avoirs qui naissent ? Il existe une Afrique qui fonctionne. Elle a besoin qu'on parle d'elle. Aussi. La Coupe du monde de soccer 2010 se tiendra pour la première fois de l'histoire sur le continent africain, en Afrique du Sud. Commençons tout de suite à découvrir l'autre Afrique… Celle des femmes aussi. D'ailleurs, le cœur de ce défi, le noyau du développement, pour sauver cette sacrée planète peut se résumer avec le proverbe africain suivant : « Lorsque vous éduquez un homme, vous éduquez un individu, mais lorsque vous éduquez une femme, vous éduquez une famille, une nation. »

Et si on créait un autre lien entre Mononcle et l'Afrique, un lien affectif et non un lien de dégoût et d'exaspération ? Peut-être qu'après on écouterait Mononcle en train de parler de l'Afrique, parce que l'Afrique aurait un autre visage, un qu'on aime, qu'on comprend, qui a un nom, qui a cinquante-quatre noms, un climat et qui est fait d'êtres humains.

Et si, quand on disait *le monde,* on parlait aussi de l'Afrique ?

Épilogue

Depuis que nous vivons en Afrique du Sud, Shanti et moi, notre vie familiale a repris la route de la santé. Jay voyage beaucoup, tant en Afrique du Sud que dans le monde, mais passe chaque minute disponible avec nous. Nous faisons des safaris ensemble, des petits voyages, toujours agréables. Nous ne serions pas prêts à revivre ces périodes d'éloignement. Je crois que nous avons surmonté une période très difficile d'où notre couple est sorti épanoui. Nous clavardons et nous nous parlons plusieurs fois par jour. Les trois enfants, Léandre à Montréal, et Kami et Shanti à Johannesburg, se disent bien et heureux. Nous sommes tous devenus, je crois, des experts pour gérer l'absence de l'autre. Il y a toujours quelqu'un qui manque. Et lorsque la famille est complète, les cinq ensemble, c'est le bonheur, le bien-être, bref la vie qui nous gâte.

Johannesburg, mai 2006
Allô, sweetie,

Je dois te dire combien je suis heureux avec toi. Je me sens à nouveau entier. Vikash (un ami) a frappé dans le mille en disant combien j'étais une personne différente depuis que nous vivons ensemble à nouveau. J'aime ton odeur, l'odeur sucrée de l'amour qui me picote le corps lorsque tu es étendue dans mes bras. Je suis la personne la plus heureuse au monde. Ton sourire et ton rire sont la joie de ma vie. J'aime les enfants et la façon qu'ils grandissent. Léandre est mature et d'une nature si relaxe (peut-être un peu trop) mais il semble avoir la tête vissée du bon côté, ce qui est un plus dans notre monde d'aujourd'hui. Kami est enthousiaste et actif comme d'habitude, prêt à étreindre avec passion chaque minute et seconde de la journée, ce qui peut être beaucoup pour nous parfois, mais il a vraiment atteint une certaine maturité et ses hormones bouillonnent en ce moment. Et Shanti est la lumière dans notre vie qui nous fait rire et sourire à l'intérieur et à l'extérieur avec ses bouffonneries.

Nous avons une merveilleuse famille et une formidable histoire d'amour, et je veux te dire que je me fais une joie de savoir que je passerai ma vie et vieillirai avec toi dans nos deux pays et, bientôt, dans nos deux chez-nous. Je veux toujours apprendre à nager, à faire du ski, à faire l'amour en français et à danser avec toi avant que je ne sois trop vieux.

Je t'aime ma cherie *dans mon cœur.*

Je t'embrasse tres *fort*

Vous etes mon lucie *dans le ciel avec des diamants*

Ton mari

Remerciements

Je ne pourrais pas vivre entre l'Afrique et le Québec sans le soutien et l'amour de ma mère, Louise Grondin, toujours là pour moi et mes enfants. Merci, chère précieuse maman. Merci à Louise Sarrasin et Jean Belliveau, avec qui je partage mon pied-à-terre au Québec, et qui rendent ma vie et celle de ma famille plus facile et toujours agréable. Merci à Johanne Guay, mon éditrice, qui continue de croire en moi et, depuis qu'elle a mis les pieds en Afrique du Sud, qui croit en *notre* Afrique, le continent oublié. Merci à Philippe Leblanc, plus que mon coiffeur depuis vingt-cinq ans, mais un tendre ami qui me teint l'esprit et les idées en rose et en beauté depuis toujours. Merci à Léandre, Kami et Shanti, mes chers enfants qui sont parfois frustrés de me voir isolée devant mon ordinateur à écrire, mais qui néanmoins comprennent et m'aident à voir clair dans la vie. Shanti m'a dit : « Tu écris tes remerciements ? Eh bien, n'oublie pas de me remercier pour avoir tant patienté ! » Mes enfants, vous êtes le cœur de ma vie. Enfin, merci à mon amour et complice, mon mari Jay Naidoo (qui vient d'être couronné de la Légion d'honneur de la France) qui, malgré vents et marées, est toujours à mes côtés et qui, je l'espère, le sera pour toujours.

Table des matières

Cet ouvrage a été composé en Bembo 13/15
et achevé d'imprimer en septembre 2006 sur les presses de
Quebecor World L'Éclaireur / Saint-Romuald, Canada.